青少年
播音主持训练
系列丛书

即兴评述入门与提高

Jixing Pingshu Rumen Yu Tigao

周　云　编著

中国传媒大学出版社
·北京·

编者的话

即兴评述能力是播音员、主持人基本的专业素质，是播音与主持艺术专业学习和考试的重点、难点。《即兴评述入门与提高》是一本根据初学者的认知能力和学习需要专门编撰的训练教材，设置了理论阐述、案例分析以及习题训练等内容，意在满足初学者在理论解释、训练思路和实践能力锻炼等各方面的需要。

本书共分四章，前两章从正确理解即兴评述的概念入手，说明即兴评述的评价标准和总的训练思路，进而对即兴评述的各要点分别进行阐述。通过前两章的学习，初学者不但可以得到较为完整的理念和训练思路，而且可以得到分解动作训练的指导，这样既避免了学习者陷于训练而缺乏提升，也避免了只能纸上谈兵而不能实战操作的缺陷。后两章主要是结合播音与主持艺术专业面试中常见的题型展开有针对性的分析，包括自我介绍、考官提问、主题讨论、命题评述、模拟主持等。根据初学者的实际需要，我们在分析考查要点的基础上，对常见问题展开了辨析，并点拨了具体的操作思路，同时辅以案例分析帮助学习者加深理解。广大读者还可以根据自己的需要，选做习题，体会方法，巩固学习成果。

本教材始终秉承这样的理念：做负责任的口语传播者。学习者应该重视正确的口语传播基本观念，培养良好的口语表达习惯，达到口语使用目的明确、身份明确、对象明确、内容明确，实现口语传播思路的完整性、运用的准确性、调控的自如性。不言而喻，这就要求学习者以即兴评述为轴，广泛学习，多角度思考，提高综合素质。

本教材在反映即兴评述基本规律的基础上，重视学习者的实际需要。书中所提的问题都是编者在教学中发现的常见问题，选用的案例和习题也力求典型。我们期待着这本教材能对初学者的学习起到一定的指南作用，有助于读者准确地分析个人在即兴评述中存在的问题并有效地解决问题。

在使用本书时，前两章宜循序渐进，完整阅读，以求获得较为完整的训练思路；后两章可以根据自己的实际情况，选择阅读，着重解决自己某一方面的问题。选作习题时，应明确习题的要求，结合教材的知识点展开训练，提高利用知识和方法解决具体问题的能力。

目　录

第一章　明确要求　端正思路

第一节　正确理解即兴评述

即兴评述是指说话者面对特定的现象或话题，在没有准备时间或准备时间较短的情况下，即时地展开思维，确立语言目的，抓住事物特征展开叙述和议论，以此形成传播和交流的活动。吴郁教授在《主持人的语言艺术》中阐明："从语言功力的'形式范畴'看，主持人语言功力是由写作能力、有声语言表达能力及即兴口语能力构成的"①，"即兴口语能力居于特殊的、显性的位置"②。即兴评述是即兴口语表达的重要内容。作为一项专业能力，即兴评述的重要性不言而喻。然而，什么是即兴评述，如何训练即兴评述，不少人却持有偏颇的看法：

1. 重视"即兴"，忽视准备

有人认为即兴评述的特点在于"即兴"，因此，训练时要"想都不想，开口就说"。他们一味地拿来就说，不肯留些时间考虑一下说什么和怎么说，仅仅追求应激速度。如此评述，也许能"滔滔不绝"说得很多，但语言的质量很难保证。长此以往，不但难以提高即兴评述能力，而且会养成思维与语言脱节的表达习惯。

其次，长期将即兴评述训练等同于"匆忙说话"训练，使初学者变得不会"准备"。虽然即兴评述缺乏准备时间，但说话者是否能"急话慢说"，挤出时间梳理头绪，关乎说话的效果。另一方面，在长期的即兴评述训练过程中，"准备"就等于"储备"。充分准备有利于累积信息，锻炼思辨能力，优化语言组织和表达，改善说话的心态和状态，获得系统有效的方法，整体提高训练效果。

总之，"即兴"的确是即兴评述区别于其他口语表达的特点。但是，应该清醒地认识到，"即兴"是对某种语境的描述和适应，而"评述"才是根本。如果叙述无序，议论无理，

---

① 吴郁：《主持人的语言艺术》，北京广播学院出版社。

② 同上。

言之无物，再“即兴”又有何用？学习的目的是为了提高能力，遇到“即兴”的情况，仍可以“把话说好”，而非锻炼自己“把话说急”。

2. 只看表象，重“说”轻“想”

有人认为即兴评述的训练与测试，全在“说”字，与“想”无关。对于“想想再说”、“边想边说”的做法，则表示不解和排斥，认为即兴评述训练的是即兴说话，又不是即兴思考！他们关心说话是否连贯和流畅，但对于“说的是什么”、“有没有必要说”、“说给谁听”等方面却不太考虑。其实，无论是出色的广播电视节目主持人、各类大赛中口才出众的选手，还是生活中说话风趣、能言善辩的朋友，他们的语言之所以能够打动人心，关键在于内容丰富，逻辑严密，布局巧妙。其中，丰富的内容、严密的逻辑和亲切自信的态度是布局的基础，也是产生吸引力的前提，而它们都与“想”密切相关。由此可见，即兴评述不单单是“把话说好”，还需“有话可说”，不能只张嘴却不动脑筋。

3. 分析不够，模糊训练

首先，作为一项活动，即兴评述有其过程，根据需要，可以划分环节。作为一项能力，即兴评述成其系统，根据需要，可以分析要素。有的人忽视这种分析，只能笼统和模糊地进行训练。即便训练时间较长，也没能掌握规律性的内容，更不用说独到的经验和方法。其次，一些人很少分析自己的评述，不能准确地找到问题的根源，训练缺乏针对性，进步缓慢。

4. 仰视心态，畏惧心理

这种心理将即兴评述神秘化、高深化，认为非“一鸣惊人”不可，否则不敢开口。它使初学者的学习积极性受挫，无法全身心地投入训练。任何人的成功都源自点滴积累。初学者在追求的过程中不能急于求成或自暴自弃。只要深入思考，不断磨砺，就可以获益。

总之，即兴评述是说话者在较短时间内以口语的方式传递信息，发表意见，形成交流的一种方式。这意味着：首先，“即兴”通常意味着“较短时间”，而非“没有时间”。其次，口语只是评述的手段，而非全部。评述效果如何，与知识储备、思辨能力等其他因素相关。第三，即兴评述的目的是传递信息、发表意见，形成交流。离开这一目的，无论多快完成，也无论说得多少，都是无效的。因此，对即兴评述的理解不妨简括为：没有无准备的即兴，绝不仅仅是口语。

一、没有无准备的即兴

如果将“即兴”理解为“没有准备”的话，那么，实际上并没有毫无准备的即兴评述。

1. 作为时间的“即兴”

人们提起即兴的时候，往往作为一个时间概念使用，指的是时间很短或者几乎没有时间。的确，与有所准备的演讲相比，即兴评述的准备时间很短。但“短时间”不等于“没时间”。以常见的即兴评述测试为例，一般都准许10～15分钟的准备时间。因此，从时间的角度来看，即兴评述一般都是“想想再说”或者“边想边说”，总有思考时间。

2. 作为部分的“即兴”

“即兴”有不同表现:(1)说话者在某一方面已有较深积淀,但具体话题是即兴的;(2)针对某一话题的内容是事先考虑好的,但具体的语言是即兴组织的;(3)没有命题,随便说两句,但说话的环境和对象是临时的、陌生的;(4)在有准备的说话中,突然面临的提问是即兴的。可见,我们对“即兴”应该作宽泛的理解。

3. 作为表象的“即兴”

即兴评述中,通常用于评述的话题和事实是临时提供的,口语组织是即兴的,但用于判断事实的价值标准、知识储备、思辨能力等内在素质却源自长久的积淀。可见,看似即兴的即兴评述有太多的非即兴元素参与。而这些元素往往决定着评述的质量。我们以中央电视台著名主持人白岩松为例,在“岩松看日本”《多元交织的二元史观》节目中,他在结束对靖国神社的采访后做了如下点评:

在我结束了今天的采访,即将走出神社大门的时候,我突然发现,就在靖国神社大门的正对面,就是东京理科大学这样的六个大字,其中一个“理”字深深地触动了我,任何一种历史观应该讲理、要有理性,因为我们所有人应该信奉一句话“有理走遍天下,无理寸步难行”。

【分析】“东京理科大学”是临时出现的场景。白岩松及时捕捉了这个突然出现的字眼——“理”,受其启发思路大开。“理”字来自“东京理科大学”这一专有名词,与“义理”的“理”意思不同。但主持人由此引申,以“理工科”的“理”为起点,以“义理”的“理”为落点,化他用为己用,化无关为有关,阐明立场,巧妙结尾。

谈到当时的创作过程,他说:

在做靖国神社这一期的时候,之前我都不知道我该怎么去结尾……结果当我出来时,我一抬头看见靖国神社正对着的是东京理科大学,这个“理”字我马上就有了。

【分析】这是一个非常典型的即兴评述的案例。白岩松看到“理”字之所以“马上就有了”,关键在于其长期的知识准备,其“任何一种历史观应该讲理,要有理性”的价值观念以及他的敏捷深刻的思辨能力与参观靖国神社的过程中所看到的内容发生了碰撞,产生了丰富的内心感受。这种感受,在碰到“理”字的时候,一下子找到了出口。加上其具有丰富的即兴评述的经验,所以能够水到渠成。“理”字的刺激是即时的,但是白岩松的储备和能力,却不是当时才有。

表1　即兴元素与非即兴元素比照

即兴元素	非即兴元素
口语组织(手段)	能力储备(反映语言能力)
具体话题(刺激)	价值标准(反映日常水准) 知识结构(反映平时积累) 思辨能力(反映思维品质)
现场表现(表情举止)	心理素质(反映日常养成)

综上所述，即兴评述只是准备时间较短，存在部分临时出现的因素，并非“无准备的即兴”。实际上，那些对即兴评述效果有着重要影响的元素往往是非即兴的。这就意味着，我们要将目光和精力更多地投入到“非即兴元素”的准备上，完善价值体系，丰富知识结构，强化思辨能力，提升口语水平，并且通过反复训练获得即兴评述的个人经验。通过提高内在的非即兴元素，有助于在即兴应激时有更灵敏的反应和更出色的表现。

二、绝不仅仅是口语

前文说明了“非即兴元素”决定着“即兴元素”的发挥。而非即兴元素主要涉及语言背后的内在素养。由此可见，即兴评述作为一种能力，除了口语组织与表达的能力外，还包括了个人的价值体系、知识结构、思维能力以及即兴口语表达的经验。不同的元素在即兴评述中起不同作用：

1. 口语组织与表达是即兴评述显性的关键因素

无论一个人理解有多深刻，感受有多丰富，如果是个闷嘴葫芦，“茶壶里煮饺子——倒不出来”，便无法完成与他人的交流。说得是否准确、流利、风趣直接影响即兴评述的效果。可见，就即兴评述而言，口语组织与表达能力居于显性的关键地位。

2. 价值体系、知识结构和思辨能力是即兴评述隐性的基础因素

评述时，说话者并不直接说明自己储备了多少知识，自己的价值观是什么以及思辨能力如何。这些都包含在对具体话题和事实的评述之中。因此，与口语组织与表达能力相比，它们是隐性因素。然而，缺乏较为完整的价值体系、一定的知识储备和思辨能力，说话者对具体事物的评述难免有失章法。比如，知识（包括信息）储备不足常面临无话可说；价值体系缺失可能导致判断错误；而思辨能力不强则难以深化内容，条分缕析。因此，这三者又是完成即兴评述的基础因素。

3. 即兴评述经验是即兴评述直接的相关因素

俗话说，熟能生巧。这个道理同样适用于即兴评述。通过大量的即兴评述练习，自然可以积累心得，获得相关经验。有益的经验可以帮助我们在即兴评述时调节心理，稳定状态，打开思路，从容表达，一旦发现问题，也能够及时圆场。可见，训练所形成的经验有利于提高即兴评述效果。

表 2　决定即兴评述能力的相关因素

即兴评述隐性的基础因素	价值体系 知识结构 思辨能力
即兴评述显性的关键因素	口语组织与表达
与即兴评述直接相关的因素	即兴评述经验

总之，即兴评述不单纯是“说”。我们稍加留意便可以发现，个人所遇到的即兴评述

方面的问题，仔细分析，也不全是“说”的问题。既然即兴评述的能力并不完全等于口语组织和表达方面的能力，那么，即兴评述能力训练就应涉及各个方面。

三、应激型训练与累积型训练

即兴评述能力训练，概括而言，可分为两方面：首先，训练“即兴应对技巧”与“口语组织能力”。其次，完善“价值体系”，加强“知识储备”，提高“思辨能力”。为此，我们提出两种训练路径：应激型训练和累积型训练。

1. 应激型训练

应激型训练是指临时提供命题和材料，准备时间较短，要求表达内容完整，逻辑自洽的练习方式。此类训练难以帮助说话者增加知识储备，而是一种把其原有储备“往外掏”的训练，因此称为应激型训练。在即兴评述训练中，应激型训练较为常见，如即兴评述模拟测试就是较为典型的一种。

表 3　应激型训练

（准备时间 10～15 分钟，独立完成）

环节	(1)获得命题和材料 (2)构思 (3)评述
优势	(1)训练即兴应对 (2)训练口语组织 (3)积累即兴评述经验 (4)检测即兴评述问题
劣势	(1)不利于增加知识储备 (2)不利于树立和完善价值体系 (3)不利于提高思辨能力

应激型训练有其训练优势。首先，它较高程度地仿真即兴评述真实语境，反复练习，有利于改善临场心理状况，锻炼即兴的口语组织能力，提高即兴应对的水平。其次，如果用于日常检测，它能较为直接地反映即兴评述方面的问题。再次，反复训练，有利于获得即兴评述的实践经验。

应激型训练也有其明显的劣势。首先，应激型训练不能为说话者增加任何的信息。在训练过程中，说话者只能说出已知内容，不能获得未知信息。其次，因为应激型训练“即兴”程度较高，时间仓促，不利于解决价值观和思维层面的问题。

简而言之，应激型训练有利于解决即兴应对、即时口语组织方面的问题，积累即兴评述的经验，帮助说话者发现自身问题。但除了提高对内在储备的运用能力和心理控制能力外，它不利于解决知识储备、价值体系、思辨能力层面的问题。

2. 累积型训练

累积型训练是指提前获得命题和材料，明确要求，准备时间较长，不能抄袭但允许使用任何外界资源。累积型训练大大削弱了即兴程度，并且要求说话者将更多的精力投放到内容的准备上，要求尽其所能地了解相关情况，搜集相关信息。评述时长一般要求 5～10 分钟，内容丰富，观点新颖，论述较为深刻。这类训练在耗散说话者原有知识储备的同时，也能帮助其掌握更多内容。另外，因为准备时间长，可以反复思考和调整，有利于磨砺价值观念，发展思辨能力。简而言之，累积型训练虽然也“往外掏”，但同时能“往里装”。

累积型训练优势明显。在长时间准备和反复琢磨的过程中，它有利于说话者增加储备，深入分析和解决自身的问题，真正实现提高综合素质的目的。从目前来看，因为称作“即兴”评述，所以重视应激型训练的人较多，而进行累积型训练的人较少。

累积型训练也有其劣势。首先它对于改善“即兴应对”效果甚微，不能对应地积累即兴评述实践经验。另外，累积型训练可用于改进即兴评述存在的问题，但不适用于即兴评述能力的测试。

表 4 累积型训练（准备时间：数小时甚至数天；独立完成或者小组完成）

环节	(1)获得命题和材料 (2)构思(独立思考或者讨论) (3)搜集材料 (4)整体思路(独立思考或者讨论) (5)调整并确定内容 (6)评述
优势	(1)增加知识储备 (2)树立和完善价值体系 (3)提高思辨能力
劣势	(1)训练即兴应对 (2)积累即兴评述经验 (3)即兴评述应激能力

3. 以累积型训练为主，应激训练与累积训练交叉并行的训练路径

提高即兴评述能力，需要完善与其相关的知识储备、价值体系、思辨能力、口语组织以及即兴应对等诸方面素质。因此，总体而言，要以累积型训练为主，累积训练与应激训练交叉并行展开。

训练时，既有基础性训练，又有专门性训练。基础性训练是指重在提高基本素养的基础练习，包括：素材积累训练、思辨能力训练、结构思路训练、语言组织训练、交流意识训练、评述状态训练、日常自习训练、临场综合对策训练等方面。专门性训练是指有针对性地某一类型即兴评述进行的综合性训练，包括：命题评述、考官提问、主题讨论、模拟主持以及自我介绍等方面。通过训练，切实提高能力，同时也解决各类应试需要。

四、事实准确，以述为主，点评精当，评述交融

“用事实说话”的新闻报道取向，受众为本的传播理念，决定了广播电视语言传播工作者以职业身份发表意见应站立在坚实的事实基础上。没有调查研究就没有发言权。简言之，广播电视评论要以扎实的事实叙述为基础。因此，即兴评述中，叙述和议论的关系应视为：“事实准确，以述为主，点评精当，评述交融”。

叙述除了一般的描述外，也包括了有选择的转述、创造性的复述等，所以叙述中已带有一定的意见倾向和评价色彩，是自身观点的间接体现。对于初学者来说，从叙述入手展开训练，一定程度降低了难度，有利于打下良好的口语表达基础。如果在事实叙述能力不扎实的条件下过分强调议论，容易导致空发议论，套话连篇。因此，“述打基础”实属必要。其次，“评述≠议论”，相反，评述要以述为主，只有在扎实的事实基础上才能保证点评的质量，找准问题的症结和相应的对策。整体而言，即兴评述应该夹叙夹议，述中有评，评中有述，评

述交融。叙述是为了表态，表态立足于所叙述的事实。这样，评述才能浑然一体，显示出分量。下面我们以发表在《钱江晚报》上的一篇评论《用什么哺育未来》为例：

有部夺得柏林电影节金熊奖的影片叫《伤心的奶水》。影片中，主人公法斯塔被她的妈妈的恐怖的奶水传染上了怪病。于是恐惧、无助缠绕了她的一生，害怕被骗却屡屡被骗。

【分析】这一段概述了影片内容。作者以影片为引子，通过"奶水"、"怪病"、"缠绕了她的一生"等字眼暗示了评论的主题。通过"伤心"、"恐怖"、"恐惧"、"无助"、"屡屡被骗"等字眼暗示了评论的态度和基调。

真害怕这样的故事真的会在现实中上演——《楚天都市报》报道，无证厂家私自加工的 12 万只一次性塑料奶瓶，竟混入湖北省妇幼保健院，用于喂养新生儿患者。

【分析】简单过渡，说明来源，引出事实。概述简约、准确，令人对主要事实一目了然。对新闻来源的说明，有利于增强可信度。

目前还没有权威机构检测证明这 12 万只奶瓶是毒奶瓶，但是质量低劣、来路不正已经是板上钉钉。而比奶瓶更加低劣的是生产者和医者的良心。中国人常说，有奶便是娘，良心的"良"方是娘的另一半。

【分析】抓准细节之一"质量低劣、来路不明"。借此引发评论，表达态度：生产奶瓶是良心活。

光盘变奶瓶屡有耳闻。业内人士也爆料，"好一点的料"每克要 1.3 分，这样一个瓶子的价格大约需要 0.22 元；"差一点的料"每克 1.1 分，每个瓶子只要 0.17 元左右。所谓好就是"新料"，而"差一点"的就是二手"回料"。一般来说，注射器、输液管、血浆袋等可以用来生产一次性水杯、水桶、饮料瓶等，而奶瓶用料多为废旧手机按键及塑料壳。你可曾想象，孩子嘴里啜着的是诺基亚和摩托罗拉，喝着三聚氰胺，吮着二手手机？

【分析】提供爆料，说明"废料变奶瓶"的拙劣手段，笔墨集中在废料来源，有力地说明了奶瓶之毒。

医院不怕劣质奶瓶惹出事来吗？当然不怕。至今仍有不少有医疗专家把工业用氧和医用氧比喻成自来水和纯净水之间的关系。郴州市儿童医院曾长时间使用工业氧冒充医用氧为患者使用，一月份就被查处，然而二三月份医院仍在购买使用工业氧。而宝宝嚼嚼"手机奶瓶"短时间顶多也就是拉拉肚子，至于将来有啥怪病，谁会追究到第一口奶？

【分析】之前两段主要集中在对生产环节的叙述和批评，这一段将人们的注意力锁定在医院上。文章通过说明郴州市儿童医院"工业用氧冒充医用氧"屡教不改的事实，点明了医院极度不负责任的观念和做法。

据统计，奶嘴、奶瓶在中国市场的年销售额约 250 亿元。因此，业内人士称，无论是高端的三大跨国公司，还是国内正规和地下的奶瓶厂家，都特别"擅长攻关，它们和众多医院关系紧密，巧妙地通过医生向孕妇及其家庭推介产品"。

【分析】这一段落简明扼要地揭示了劣质奶瓶之所以流向市场的深层原因："强火攻

关"，医德丧失，一切向"钱"看。

《为宝宝挑奶瓶全攻略》网上大热，成了新妈妈的必修课。然而我们是在用什么样的道德哺育未来？

【分析】通过网络新现象，以全篇评述为基础，引导人们责问良心，从道德层面深入思考。

（付瑞生：《用什么哺育未来》，《钱江晚报》2010年5月28）

示例分析：《用什么哺育未来》全篇以叙述为主，通过提供大量信息，从不同层面讲述新闻事实，帮助人们抓准关键细节，全面深刻地认识事实。文章表态较为明确的句子见划线部分。作者没有大段说理，而是运用反问等修辞手段表达倾向，虽然含蓄，但是起到了引发共鸣的作用，体现了"以述为主，点评精当，述评融合"的评述策略和方式。

五、小结

即兴评述虽有难度，但并非"不可能完成的任务"。改善评述效果，提高应对能力，首先要端正观念，认识到即兴评述其实"没有完全的即兴，也不仅仅是口语"的事情。这有利于我们发现自身问题并深入地分析问题。其次，训练方法要得当，既有应激型训练又有累积型训练，有步骤，有计划，打好基础的同时又有针对性地解决问题。总之，即兴评述既要"有备而来"——注意平时积累，又要"及时跟进"——提高应变能力。

第二节　即兴评述的整体评价标准

通俗地说，即兴评述的评价标准就是以什么眼光看待即兴评述。但初学者往往并不清楚这些标准。

1. 标准模糊

笔者在即兴评述教学过程中发现这样一个现象，在听评的过程中，一些同学对于他人的即兴评述只能笼统地表示"不好"、"还可以"、"挺好"，但无法说清"哪儿好"、"为什么好"等问题。

对即兴评述缺乏明确的评价标准，甚至不关心评价标准。评价即兴评述全凭个人感觉或者经验之谈，因此造成评价失范，带来偏见和误解。从学习者的角度看，如果标准模糊，将无法明确问题的症结，不能找到合适的改进方法，以至于苦恼多于进步，事倍功半。

2. 标准混乱

一些人的评价标准混乱、偏颇，不能契机契理。比如，有的人过分追求"语不惊人死不休"的语言效果，就想一鸣惊人。笔者认为，期求新意本无可厚非，但一味地"出位"，没有选择和节制地"张扬个性"，以至于将缺点当作特点，把无知当作个性，传递一些匪夷所思、惊世骇俗但脱离实际甚至错误的想法，那就适得其反了。不解决问题，完全为了展现自我，这纯属在“表演评述”，已经远离了真诚沟通、有效交流的评述目的。还有人在评价评述时过分关注“有没有说够时间，是不是流畅”，对于有没有必要说、如何说反而不加重视。如此种种，都是标准混乱的表现。

3. **不成系统**

即兴评述涉及多方面能力。对即兴评述应该从说话者和听话者的角度出发，从不同角度、不同侧面成系统地进行评价。如果局限于某一方面，评价将缺乏整体观。比如，有的人过分看重即兴评述时的亲和力和交流感；有的人偏重语言表达是否准确、流畅；而有的人则只关注思维是否开阔、灵活。笔者认为，这些标准固然重要，但不从整体出发，以偏概全，也一样不能正确评价即兴评述。

那么，即兴评述的整体评价标准是什么？确定标准的依据又是什么？下面，我们结合案例加以说明。

在一次选香港小姐的决赛中，主持人提了这样一个难题：“假如你必须在肖邦和希特勒两个人中间，选择一个作为终身伴侣的话，你会选择哪一个呢？”

选手是这样回答的：“我会选择希特勒。如果我嫁给希特勒的话，我相信我能够感化他。那么第二次世界大战就不会发生了，也不会有那么多的人家破人亡。”

（吴郁：《主持人思维与语言能力训练路径》，中国广播电视出版社）

示例分析：这是一个流传甚广的案例。看完之后，第一感觉恐怕是“这位选手的临场应答真妙”！面对案例中的语境和问题，常规的思路是选择肖邦，因为选择肖邦作为终身伴侣在道义上更立得住脚。然而，这位选手却另辟蹊径选择了一个“冒险”的答案——希特勒，并且提供了特别的理由，答案很新颖。可见，是否“新颖”是我们评价即兴评述的重要标准之一。

尽管将“希特勒”作为答案，很有新意。但是，我们不妨做个假设：如果这位选手仅仅选择希特勒，而不能说明选择的理由，还能博得大家的认可吗？答案恐怕是否定的。也就是说，能够提供新颖的意见和说法固然难得，但说话者必须能够自圆其说。这里就隐含着评价即兴评述的另一个标准“合理”。这位聪明的选手之所以能够说服我们，就在于她不但有特别的选择，更有合理的解释。

在说话的过程中是否满足“新颖”和“合理”这两个标准就可以了呢？我们再来看看同一问题的其他答案。笔者在引导学生进行创意思考的时候，曾将这道题目作为考核题。其中有人作如下回答：“我选择希特勒，因为他比较有个性，生活会比较有意思。不愿当将军的士兵就不是好士兵。他有统治世界的愿望，是个人才”。恐怕多数朋友和笔者一样，不能同意这个说法。可是乍一看，这个答案也很新奇——与例中的选手作同样选择，有别于常规思路。另外，回答者对自己的选择也作了说明，在逻辑上也算自圆其说。为什么我们不但无法赞同，还要反对呢？究其原因，这个答案不符合我们的价值观。可见，评价一个人的语言不单要看其“说什么”、“怎么说”，还要看其“为谁说”、“说的对不对”。因此，“价值”与“立场”也是绝不可忽视的重要标准。

除了上述三项标准，从实际操作着眼，还应注意，即兴评述准备时间紧张，评述时间有限并且随时可能出现干扰因素。这种情况下，如果可以做到内容随时增删，对于现场因素能够及时应对，那么，评述的效果一定不错！因此，“可控”也是评价即兴评述的标准之一。还回到上面这个案例，如果主持人继续追问，而选手还能从容、圆满地作答，那么她不但可以维持自己在评委和观众心中的良好印象，甚至可以获得更高的评价。

综上所述，笔者将即兴评述评价的整体评价标准概括为以下四项：价值标准、逻辑标准、新颖标准、弹性标准。

一、价值标准：导向正确

大多数人都有过这样的交流经验：如果说话者的立场与公共道德相悖，其论点就很难为大多数人接受。如果说话者和听话者的立场不一致，而说话者还继续强化自己的立场，毫不顾及听话者的感受，交流就难以取得积极的效果。可见，语言中所包含的价值判断对于说话效果而言非常重要。这一规律同样适用于即兴评述。

所谓价值标准是针对说话的“正确性”而言的。即兴评述中，语言内容中所透露的价值观是否具有普遍性，能否与一般公共道德、舆论主流、法规政策以及文化习惯合拍，是评价即兴评述的重要方面。我们以下面这段评论为例，看看价值标准在具体评述中的体现：

公交车上标语提醒的，父母叮咛嘱咐的，老师善意告诫的，自己耳闻目睹的，让孩子们在心里给陌生人打叉：他们有可能是潜在的“坏人”。做梦都该带彩色的孩子，以紧张的眼神打量和防范着世界。这不是孩子们的过错，实在是我们做大人的羞惭。大人们制造了互不信任的“酱缸”，培植了恶心泛滥的社会土壤。大人世界的乱象，要孩子们承担连带的后果，与人为善的美德，蜕变为危机四伏的恐惧。在“六一”儿童节，作为长辈的大人要作检讨。本来，孩子们是鲜花，没有机心，随时灿烂，不该是警惕的小刺猬。

（《南方都市报》2010 年 6 月，作者三季稻）

示例分析：很明显，这一段评述的基本价值观是“大人世界的乱象，不该由孩子们承担连带的后果”。当孩子们表现为“警惕的小刺猬”时，往往是大人世界出现了问题。作者以此直指大人世界的丑恶，点到了当前社会的某些痛处，有说服力和感染力。

总之，即兴评述无论何种形式与内容，肯定要表明评述者一定的态度与倾向性。因此，我们应该在日常生活中多注意关注和思考公共道德和社会伦理，这样才不会让自己在价值标准的判断上出现问题。

二、逻辑标准：自圆其说

无法自圆其说的评述，其结论不能说服他人。而怎么才算自圆其说？我们以下例说明：

杨澜当年去考《正大综艺》的主持人。考官问："你敢不敢穿三点式？"杨澜是这么回答的："这不是个敢不敢的问题，而是一个得不得体的问题。如果在美国西海岸的浴场上，穿三点式是很自然的事。如果在一个民风纯朴的山村大街上，穿三点式是对那里人的感情的一种亵渎。如果在浴池里，穿三点式纯属多余。"

（吴郁：《主持人思维与语言能力训练路径》，中国广播电视出版社）

示例分析：杨澜首先从逻辑上匡正问题——这是一个得不得体的问题，和敢不敢无关。然后，她又列举了三种情境，说明三点式衣着在不同情境中意味着什么，以此说明穿着与情境有密切关系，与"勇气"不相关。这个问题本来是"敢不敢"，杨澜巧妙地化解了难题，而且通过举例说明了自己的观点，令人耳目一新，考官自然对其刮目相看。试想，如果杨澜作如下答复，效果如何：

答案一："这不是个敢不敢的问题，而是一个得不得体的问题。我觉得穿三点式不得体。女孩子最好不要随便暴露自己"。

答案二："这没什么不敢的。时代变了，大家都是新女性了，想怎么穿就怎么穿"。

这两份答案与杨澜的回答比起来，较为粗疏，缺乏理据，没有说服力，大为逊色。由此可见，逻辑标准是针对说话的"合理性"而言，起码要注意以下几方面：

1. **前提准确**

上例，杨澜敏捷地将问题由"敢不敢"转到"得不得体"上来，原因就是要避开错误的前提。可见，即兴评述时，我们必须准确审题，抓准命题和材料的核心，为评述找准前提。

2. **论证严谨**

从正确的前提出发，通过论证，推出正确的结论，以下面这段评述为例：

那些年年都成为投诉热点的问题，症结往往也都在于垄断。比如，通讯、住房、交通等行业中出现的霸王条款，就像是勒在消费者脖子上的绳索，令人无法抗拒。连作为国家利器的《反垄断法》都无可奈何，消费者岂不是只能发出长叹？在市场道德、行业监管与法律制度存在严重失灵的情况下，中消协副秘书长武高汉那句"从舅舅家赔到姥姥家"的狠话，只会被看作维权笑话。

（《重庆日报》2010年3月15日，作者单士兵）

示例分析：作者通过列举事实证明问题的症结在于垄断，以此说明"市场道德、行业监管与法律制度存在严重失灵"，从而为"中消协副秘书长的狠话是维权笑话"找到理据。

短短几句话,逻辑严密,切中要害,有说服力。

3. **材料相称**

说明观点要提供对应的材料,注意材料的典型性。仍以杨澜的回答为例,她列举了三种典型情境说明自己的观点,说服了考官。

4. **结论无误**

结论无误包括两方面:(1)结论来自于对材料的归纳,符合材料的限定。(2)结论经得起现实生活的检验。

三、新颖标准:与众不同

新颖标准强调即兴评述"与众不同"的一面。即兴评述在满足价值标准和逻辑标准的基础上,如果能提供独特的内容和形式,给人以新鲜感,才更有吸引力。

然而,有的人对"新颖"的理解比较模糊,比如"要出位"、"要引起注意"、"要与众不同"等。上述看法对"新颖"都存在一定程度上的误读。实际上,语言交流任何层面的创新都可能给交流双方带来"新"的感受。我们以下面这段评述为例:

"同志"这个称呼淡出社会生活是势所必然、理所应当的,同时也是令人欣慰的。其令人欣慰之处在于,一方面,人们的价值取向多元化,每个人从个体需求出发,遵从自我的价值判断,确立自我人生理想和生活态度,不再为一个共同的理想和信念所束缚,这是时代的进步而非退步。另一方面,"同志"这个政治色彩浓郁的称呼被弃用,甚至被异化,在很大程度上缘于人们对政治过分介入社会生活的反感和叛逆,人们希望社会生活少一些政治意味,多一些人情色彩,少一些"大一统"的限制,多一些个性和自由。在某种程度上,"同志"这个称呼被人们弃用,是社会生活"去政治化"的体现,也是中国社会更加开放和自由的体现。

【分析】作者认为"同志"称呼淡出社会生活理所应当,以此为观点,提供了特别的解释:价值取向多元化、社会生活去政治化。

当然,"同志"这个称呼虽然淡出了社会生活,却并没有退出历史舞台,在政治生活中它仍然是一个主流称呼。只是希望,我们的官员彼此口头上称呼"同志"时,内心真的抱有"情为民所系,利为民所谋,权为民所用"的共同理想和信念,真正做到立党为公、执政为民。

(《中国青年报》2010 年 6 月,作者晏扬)

【分析】作者从"同志"仍是当前政治生活的主流称呼这一社会事实出发,做了特别的引申。从"同志"的志同道合本意引申到"情为民所系,利为民所谋,权为民所用"的共同理想和信念,反映了民众的要求,对于执政者也是一种鞭策和鼓舞。另外,一种称谓淡出社会是多么寻常的语言现象,然而作者却从中读出了如此丰富的内涵,引发人们的思考。

可以说，在观察社会、理解社会上，作者提供了特别的视角。

总之，新颖涵盖的范围很广，包括新观点、新视角、新材料、新说法以及新的表现手段。广义地来看，还包括了新的时机、语境和受众。

1. **新观点**：提供有别于常规判断的观点，并且能说明观点。

2. **新视角**：改变看事物的着眼点，能从不同侧面或某一特别的层面分析事物。

3. **新材料**：以新的信息说明常见的观点。

4. **新说法**：在内容大同小异的情况下，在语言表达上有所创新。

只有更宽泛更准确地理解“新颖”，我们在即兴评述时才能更好地落实这一标准。

四、弹性标准：灵活可控

弹性标准强调，在即兴评述时，说话者可以根据需要，灵活可控地更改已经确定的结构和内容。也就是说，说话者的思路和表达，对外界的干扰表现出开放的特征。比如，有的人在评述过程中，从容面对提问和讨论，互动结束后，仍能回到话题。有的人可以根据时间限制，随时增删内容。这些都是弹性的表现。

弹性是针对说话者的“自如性”而言的。如果评述无法应对变化，说明其弹性差；如果评述能随时间长短、交流因素的改变而改变，说明其弹性好。笔者提出弹性标准，主要是提供给说话者自检使用，检查评述的结构是否有弹性，以此判断自己的评述水平和熟练度，降低临场的风险，为交流和动态创作保留空间。

五、四项标准的相互关系

价值、逻辑、新颖、弹性四项标准是整体评价即兴评述的一般标准。四者在评价系统中的位置各不相同。

1. 价值标准是第一标准，提升观点的可信力

即兴评述所提供的内容，不可随意违背公众的价值取向和文化认同。充分体现社会主流价值取向的观点，在交流过程中必然具有可信力和亲和力。

2. 逻辑标准是基础标准，强化内容的说服力

自圆其说是即兴评述的最低要求。不能满足这一要求，无法使人信服。逻辑严密的评述，其内容往往更具有说服力。

3. 新颖标准是个性标准，加大整体的吸引力

观点、内容、材料和语言上的创新使得即兴评述具有个性，引人注目。新颖标准加大了整体的吸引力，是个性标准。

4. 弹性标准是风险标准，提高过程的调整力

评述的内容结构是否有弹性直接影响到评述过程的风险大小。没有弹性的评述，根本无法面对任何情况的改变，出错的风险较大。语言表达具有弹性，随时可以调整，风险自然就小。因此，弹性标准是风险标准。满足这一标准，有利于说话者在即兴评述时提高适应能力和调整能力。

总之，深刻地认识评价标准，全面地评价即兴评述，有利于我们更有效地展开即兴评述训练。

本章小结

本章对即兴评述这一概念进行较为深入的分析和解证，提出了“没有无准备的即兴，绝不仅仅是口语”的即兴评述观，比较了“应激型训练”和“累积型训练”的各自优劣势，明确了即兴评述“事实准确，以述为主，点评精当，述评结合”的总体思路。通过梳理即兴评述整体评价标准，有利于初学者更全面地把握即兴评述，更有效地展开学习。虽然本章说理多于练习，但笔者以为，技巧就是小观念，观念就是大技巧。本章通过矫正思路，端正观念，提高初学者认识判断能力，从而为具体的训练打开局面，使学习过程既有严格训练又有严肃思考。

思考与练习

习题 1 学习本章之前，你如何认识“即兴评述”这一概念？请结合个人经验或具体案例，说明即兴评述“没有完全的即兴，绝不仅仅是口语”这一观点。

习题 2 请梳理自己在即兴评述学习过程中遇到的问题及学习预期，并设计今后的学习进度和训练思路。

习题 3 请结合自己的学习体会，谈谈你对“应激型训练”的理解。

习题 4 结合自己遇到过的问题，请你谈谈“累积型训练”的必要性。

习题 5 请你着重从价值标准、逻辑标准和新颖标准的角度分析下面这则评述。

“桃李春风一杯酒，江湖夜雨十年灯”。这世间最美好的感情就有桃李情。十年以前，我在故乡一所高中做老师。如今，我已告别讲台许多年，离开故乡几千里。不过，与当年学生依旧保持笃深的情谊。

我当年是很另类的老师，没有“以成绩论英雄”。班级里那几个“混世魔王”一直视我为知己，甚至连整个年级的大量差生也把我视为“偶像教师”。我想，一个教师，可能没有精深的专业知识，也可能没有精湛的教学技术，但却不能没有一颗平等而真诚对待学生的心。直到现在，我都可以自信地说，我绝对是那批学生最喜欢的老师。因为我从来没有把任何一个学生看作是“教育的废品”。

“教育的废品”，这个说法来自于徐贲的自嘲。徐贲是著名学者，也是近年来很有影响力的评论人。就是这样睿智的人,在求学的时候却不曾好好上课,以至于后来感叹说:“我是教育的废品,如果我是教育优等品的话,就不是现在这个样子了”。可我觉得,这样的“教育废品”可以绕开迂腐的学术,以激情与理性奇妙混合的文字来让人感受到思想的魅力,那么,独立的个体也没有必要完全匍匐于教育之下。

前段时间,电视剧《老大的幸福》的热播,催发了一股思索“到底什么才是幸福”的热潮。我觉得,只有对自己生活真正充满内心认同的人才是最幸福的。我当年班上那几个差生在高考时没能上线,当然算得上是“教育的废品”。不过,这些“教育废品”在高考失败后,仍然走进一种理想的人生境界。比如,那个当初说立志开饭馆的“差生”,现在就在成功经营着一家大酒店;那个当初梦想做生意的“差生”,现在已经成为一个饶有家资的房地产商。学习的途径有很多,他们最打动我的就是懂得将“现实与理想”理性结合,最后收获了内心的认同。倒是不少当年“金榜题名”的学生,就业状况与现实人生逼仄艰难得令人唏嘘。

今年高考又要到来了,这个“国考”又将被赋予太多的价值。比如,高考是中国人一次最重要的成人礼,高考是改变人生的最重要路径。特别是人们习惯性地把千年科举与现代高考连接起来,来展现这座独木桥是何等又窄又长。不必讳言,那些被挤下这座独木桥的学生还是会很容易被人们看成是“教育的废品”。但是,今天我们看待高考,真的很有必要走出单一的教育视角,能以更为开放的文化视角来看待它。在这个多元开放的社会,从郑渊洁、丁俊晖、韩寒这样的名人,到我当年班里成绩倒数前三名如今却混得十分体面的学生,这种不再是孤证的现实人生,寓示着那种简单基于高考“独木桥情结”的人生发展观与幸福观实在偏执,真的已不再符合现实土壤了。

“教育的废品”能够拥有幸福的生活,这应该算是这个时代的一种进步与荣光。我觉得,强调个体的内心认同,让人们真正懂得每一种人生都会有精彩,真是特别重要的事。高考,更确切地说,对每个考生都是一次公平寻找幸福的开始。幸福不在于分数,也不在于别人的评价,它只在于自己内心的认同。这应该成为这个时代一种被普遍认同的文化。

(《华商报》2010 年 6 月 6 日,作者单士兵,引文笔者有删改)

第二章　分项练习　打好基础

第一节　素材积累

俗话说,“巧妇难为无米之炊”。面对即兴评述,有人表示无奈:“如果我真的不会怎么办?如果拿到的材料自己平常没接触过怎么办?”办法当然有。只要观念和方法正确,一点一滴地做好素材积累,必然可以扩大知识面,临场时也就不会无话可说。

一、素材积累是即兴评述的前提

通过积累、梳理、消化、使用素材,不但可以增加信息量,扩大知识面,也锻炼了分析思考的能力。毫不夸张地说,丰富的积累是包括即兴评述在内的所有类型评述的前提。

1. 丰富的素材是思考的背景

即兴评述时,只有观点没有论证,只讲道理,不摆事实,显得枯燥乏味;或者就事论事,缺乏引证,眼光局限于一件事例,说服力不强。这些都和素材积累不够有关。

丰富的素材是思考的背景,为具体的思考提供了参照物。看到某则材料,便想起其他相似的材料来,加以比较,对事情的看法自然更深刻。拿到某个论题,便想起几个相同、相似或者相反的观点,对论题的理解就能更客观全面。

2. 丰富的素材是论证的材料

平常不善积累,即兴评述时就缺乏用以支持观点的素材。只有信息丰富,才能言之有物,侃侃而谈,说服受众。

3. 扎实的积累是自信的前提

真正的自信来源于扎实的积累。有了扎实的积累才有话可说,才能获得积极自信的评述状态。

素材如此重要,那么该如何积累?积累的素材如何使用?结合即兴评述的实际需要,下面从选材和解析两方面进行阐述。

二、选材训练

选材是指在观察日常生活、看书读报、浏览网页过程中，积极主动地发现有意思、有价值的素材以备即兴评述使用。

1. **熟悉渠道**

选材的渠道十分丰富，报纸、杂志、书籍、网络、交谈、听讲、见闻、调查、口头请教等。丰富的渠道是选材的基础。平时应有意识地积累并且主动熟悉各种渠道，需要时就知道上哪儿找答案了。笔者建议，按以下方式整理和记录渠道信息。

序号	渠道	特点	获取路径
1	××网站		
2	××报刊		
3	××杂志		
4	××书籍		
5	××节目		
6	××组织		
7	××个人		

2. **寻找话题**

面对大量纷繁的信息，我们要尝试从中抽离出有价值的内容，并找到值得一说的话题。以网络为例，我们可以从大量信息中发现引人注意的内容，通过梳理和概括，形成即兴评述话题。

3. **寻找材料**

在明确话题的情况下，我们可以根据话题搜索材料。在梳理材料的过程中，又可以根据材料找材料，形成相互证明。这样，材料不但越攒越多，而且都有针对性。

找到材料后，还要进行必要的处理。首先，辨别材料的说服力，看看哪些材料最有用，对洋洋洒洒的材料进行精简。其次，结合话题对材料进行归类。经过思考和整理，加强对材料的理解和记忆，便于日后使用。

习题6 请从下列信息中发现有价值的话题，并说明理由。

（1）昨日，大渝网大渝吧出现一篇名为《寻人启事》的帖子，发帖者杨女士公开向离家出走的儿子道歉，并请求网友帮助自己寻找儿子。帖子中写道，“儿子你才9岁，出走时身上一点钱都没有。妈妈向你保证，以后再也不严厉对你了”。记者通过帖子上留下的手机号码联系上了家住渝中区储奇门的杨女士。据她说，儿子郜杰是6日下午出走的。当天上午，杨女士去青少年宫接上兴趣作文课的小郜杰回家，因看到儿子在课堂上不断和周围的同学嬉笑打闹,杨女士感到非常恼火,所以小部杰一出来就被母亲杨女士揪住斥责。

(《重庆商报》2009 年 12 月 11 日,作者廖娴雅)

(2)昨日下午,江北区寸滩派出所在辖区学校开展活动,教孩子们正确应对"暴力"。法制辅导员江警官说,2006 年 10 月至 2008 年 2 月期间,一名闲杂人员严某整天守在辖区学校门口,专等从学校里逃课出来的学生,向他们勒索钱财。1 年多时间内就得手达 23 次。虽然严某多次作案,有的学生甚至被反复勒索,但由于怕严某报复,竟没有一个人向家长、老师或警方报告。直到今年初,寸滩派出所社区民警在走访工作中,才听到了一点"风声",最终将严某抓获。目前严某已因寻衅滋事、抢劫而被判服 8 年徒刑。

(《华商网—重庆时报》2009 年 12 月 11 日,作者周雪莲)

(3)昨日,记者在邳州论坛"百姓杂谈"上看到一组令人震撼的照片:一位数学老师,他在黑板前讲解习题,左手上正打着点滴,药瓶挂在黑板上沿的一颗钉子上,讲台上还放着一个盐水瓶。学生们正抬头听讲。这组照片最初被发布在邳州论坛上,标题为"邳州最牛的教师",随后这组照片被网友多处转载,照片中的这位老师也一下子成为热议人物。

(《扬子晚报》2009 年 12 月 12 日,作者丁庆飞)

(4)昨日上午,记者从工信部了解到,在出台五项治黄规定的同时,工信部已会同公安部、国务院新闻办,加快立法进度,力争在 2010 年底前出台《通信短信息服务管理规定》。此项规定将为全面实施电话用户实名登记工作提供法律依据,意味着手机实名制应该会真的实施。

(四川新闻网 2009 年 12 月 22 日)

提示:结合个人的阅历,找出你最感兴趣的一条新闻,或者从每一条新闻中找出你最感兴趣的细节,然后说明自己的理由。比如,第 2 条消息反映的一个细节:"严某多次作案,有的学生甚至被反复勒索,但由于怕严某报复,竟没有一个人向家长、老师或警方报告"。

对于恶人,学生不敢告发,表面上看是学生胆小,实际上也暴露了学校安全教育的盲点。学校不但要教给学生是非观念,还要针对实际情况,教给学生面对问题的处理方法。

习题 7 请为话题"敬畏"寻找材料并对材料进行梳理,要求来源明确,内容健康。

提示:依据个人阅历,先从逻辑上适当展开话题。比如,我们该怎么理解敬畏?谁值得敬畏?敬畏有什么特别的表达方式吗?为什么说敬畏心不可失……然后,通过各种渠道,去寻找相关的个人经历、新闻、格言、故事等。根据材料重新展开思考,然后形成思路,整理材料。寻找过程中要注意记录材料来源。

习题 8　请根据你对以下材料的理解，自拟话题，并寻找更多材料。

11 月 1 日，昆明公交车开始实施斑马线前礼让行人的规定。据昆明新巴工作人员观察，规定实行 3 天以来，未发现公交车司机违反此规定。但为了礼让行人，大部分驾驶员都跑不完公司规定的趟数。更让司机烦恼的是，由于礼让行人拖慢了时间，车上的乘客不干了。

提示：这一练习具有综合性。是习题 7 和习题 8 的综合。先概括材料形成话题，抓准核心矛盾，找到问题关键。然后，在逻辑上先展开问题，然后再根据话题和层次，寻找相关的材料。

三、解析训练

解析的过程就是对有价值的材料进行解释和分析的过程。它要求从材料中梳理出值得一说的内容，并说明其具体的价值与功用。解析训练可以通过回答以下几方面问题完成：

1. 材料提供了什么？

观察和阅读关键在于“会意”——理解意思，能与之产生共鸣。解析的过程应该是充分激发自身认知系统的过程。接触到的无论是课本、新闻、小说，还是电影、音乐、图片，或者日常生活片段，我们都可以自问：它们提供了什么有意义的东西？对于印象深刻的事物，我们要尝试说明它。

示例材料

大学本应是人生中一段宝贵的经历。然而，应届本科毕业生连峰“回炉”读技校，他语出惊人：“我的大学真是白读了！”近日，媒体记者在武汉铁路桥梁技工学校里见到连峰时，他正和班上 53 名同学一起，在实训指导老师的现场指点下，学习千斤顶的操作。近年来，面对不断增加的就业压力，大学生主动上技校“回炉再造”已不再是个别现象，已引起越来越多的社会关注。

（《扬子晚报》2009 年 9 月 13 日）

示例分析：材料提供了一个新鲜的事实——本科毕业生中有人上技校回炉，学习千斤顶的操作，直言大学白读了。“大学白读了”是一个时下大学生中有代表性的心态。常有大学生发出这样的论调：带着希望进校门，带着失望学习，带着绝望出校门。

2. 材料有什么价值？

在掌握材料内容的基础上，需要进一步追问：材料有什么价值？通过追问和自答，可以使我们对材料有更深的理解，明确材料的内涵和功用。

示例材料

近来，广州奥数班遍地开花。而与此同时，小学生们学的到底是什么样的教材？真的是培养奥数人才吗？记者调查广州几十家奥数培训机构发现，实际上这些教材多数都只是让孩子提前学不属于这个年龄段的东西而已。更有甚者，小学奥数使用大学高数教材，专家称纯属“误人子弟”。

（《信息时报》2009 年 8 月 7 日）

示例分析：

（1）材料提供了什么：广州奥数培训机构让小学生提前学习超过该年龄段能够理解的知识，甚至使用高教教材。

（2）材料有什么价值：这则材料视角独特，细节准确，起到了针砭时弊的作用，对小学生家长和小学教育工作者具有警示和启发的意义。评述相关话题时可使用此材料。

3. **确定材料价值的理由是什么？**

一旦选定材料，明确价值，接下来需要说明自己确定材料价值的理由。这有利于对材料进行深入理解和更理性的判断。久而久之，我们就能在说话的过程中从容、理智地把握自己的观点了。

示例材料

今年高考招生中，临沂师范学院投档考生中有十几名考生由于“综合素质评价低”而被退档，也有刚上投档线的考生因为“综合素质评价高”被录取。据悉，这是山东省将学生综合素质评价纳入高考录取依据以来，首次出现投档高分考生被退档的情况。

（《中国青年报》2009 年 8 月 30 日）

示例分析：

（1）材料提供了什么：学生综合素质评价成为山东高考录取依据之一。

（2）材料有什么价值：①比较新奇　②引导性　③交流价值　④权威性　⑤在评述相关的教育题材时，可以直接作为论证材料。

（3）确定材料价值的理由：①比较新奇。高考录取参照综合素质评价，这在全国不多见，而且在当地已经开始生效。②引导性。把综合素质纳为录取依据，对于中学教学来说是一种有益的引导。③交流价值。因为事关高考录取动向，为许多人所关心，有交流价值。④权威性。这则新闻来源于《中国青年报》，内容的真实性有保证。⑤在评述相关的教育题材时，可以作为论证材料。

习题 9　结合下面这则材料，回答“材料提供了什么？材料有什么价值？确定材料价值的理由是什么？”这三个问题。

意见领袖，意味着影响，而影响的下一步，必然是社会责任。韩寒作为年轻人的意见领袖，受到追随在所难免。因为这个世界的本质便是如此，每个人都面临追随和被追随，置身其中的年轻人，不哈韩哈日可能也哈郭敬明了。于是，这很有趣，因为韩寒提供的是没有选择的选择，是退路——与其哈韩哈日还不如哈韩寒。当然，严格来讲，一个理想的社会，不应该存在追随，人人应该有主见，不能韩寒说什么就是什么。但是，目前的教育和格局都注定如此，注定大家都喜欢跟别人走，没有办法的情况下，韩寒恐怕就是最好的选择。

但是另一方面，对韩寒的追随可能存在更多的潜在优势——年轻人在追随韩寒的时候是在追随什么？韩寒是特立独行的，你是否也要学着独立？韩寒的思考是有智慧的，你是否有可能自己去思考？至少在追随中，你能够分辨韩寒和其他物种，这首先就是进步。

再进一步，如果把韩寒放到国际视野，他的优势可能多少会被剥除。但是，和西方所熟知的钢琴家郎朗、篮球明星姚明相比，韩寒又是那么与众不同，你几乎能够一眼辨认出他。郎朗和姚明走向世界，很明显靠的是特殊技艺，这份技术是一般人做不了、学不来的。但是韩寒不一样，他没有特殊的东西，他最大的资本，来自于他的智慧、他的独立，他的无所顾忌、敢说敢干。一方面，这可能是最珍贵的，但另一方面，这也可能是最没有门槛的。如果要学，思考是可以学的，勇气也是可以有的，至于智慧，也无非是后天修炼的。这个时候，韩寒就显示出他强烈的草根特质，每个人都可以成为韩寒，都有可能成为韩寒。这是最了不得的——这种共性注定韩寒是这个时代最特立独行，但又最具平民特质的明星。由此推论，很多人是否从韩寒身上看到希望，这个就见仁见智，不得而知了。但有一点可以肯定，韩寒给年轻一代传递的，绝不是希望的反义词。

我们甚至可以说，韩寒的存在，其实是年轻人自己的选择——他们选择了自己的立场，从而某种程度上主导了主流话语的导向——事实上，是年轻人参与，才造就了现在的韩寒。

那么，我愿意说，中国的年轻人仍然有希望，一代人总有一代人的选择。弥足珍贵的是，这个选择是你自由意志的体现，就像你们选择了韩寒，韩寒才能出来。

所以，追究到底，韩寒的话语权。也是背后诸多年轻人的话语权。他的发言，本身就是代替更多的人在呐喊。而他们，从韩寒那里学到的，可能恰恰就是，我们不要代表，只要表达。

（张鸣：《年轻一代：不要代表，只要表达》）

习题10　请从以下材料中选择你认为有价值的内容，并确定它有什么价值以及你确定其价值的理由是什么？

(1)2009年，教育部印发了《中小学班主任工作规定》。在这其中，班主任教育学生的权利被明确格外受关注。《规定》第十六条明确规定：“班主任在日常教育教学管理中，有采取适当方式对学生进行批评教育的权利。”保证和维护了班主任教育学生的合法权利，使班主任在教育学生过程中，在坚持正面教育为主的同时，不再缩手缩脚，可以适当采取批评等方式教育和管理学生。

(2)某班主任:规定说的是“采取适当方式对学生进行批评教育”,但这个适当的“度”在哪里,往往家长和老师会各执一词。有时在老师眼里很轻微的批评,到了家长口中就相对严重了,所以,规定细化应该会更好地明确各方权责。

(3)某初三学生黄怡雯:对老师的批评我是可以接受的,当然也希望老师不要超过一个“度”。老师在进行批评的时候不能自己先火气很大,嗓门很大,或者夹带粗话脏话。要以理服人,要循循善诱,不要劈头盖脸地上来就骂人。

(4)教育部政策法规司司长孙霄兵:对于未成年人的惩戒要非常慎重,切莫影响到未成年人的合法权利。

(《深圳晚报》2009 年 8 月 26 日)

(5)

(新浪网)

(6)湖南网友“请问天下”:何为适当方式?作为最高教育部门,应当有明确规定,而不能只图自己说句漂亮话,尺度让一线教师去把握,有问题让教师自己负责。

上海网友 mhqzsb:“班主任有权批评学生”,同样的道理,“营业员可以介绍产品用法”、“医生可以告诫病人”……

(新浪网)

(7)现在的教育提倡向欧美学习,追求宽容、开放……不要说体罚,专家们甚至创造出了一个针对批评的新词汇———心罚。批评学生如果造成“事故”,小则领导批评、家长找上门来,大则行政处分、调离岗位。

趋利避害乃是人之本性,教师又安能例外?利剑高悬,部分教师只能睁一只眼闭一只眼,一切都以保住饭碗为宗旨。懒得管、不敢管早已成为公开的秘密,教师既放弃了自己的权利,也未能切实履行自己的义务。教育部出台《规定》正是基于此种语境之下的产物,可谓对现状的一种转向与反拨。但是,《规定》中的“适当批评教育”依然乏善可陈,缺乏实际的可操作性。《规定》只是一个信号,意味着有识之士们认识到了问题所在,但要想彻底革除教育界的浮躁陋习，还有很长的路要走！

（《羊城晚报》）

(8)国外在倡导开放式教育，背后有着一整套严密的制度作保障，而国内则空空如也。英国教师的惩戒权包括：罚写作文、周末不让回家、让校长惩戒、停学，瑞士法院甚至对旷课的学生要处以罚款。

（《羊城晚报》）

(9)澳大利亚有着和谐的师生关系。澳大利亚的中学采用了近似于大学的授课方式。学生没有固定的班和教师，每个学生根据自己的选课到不同的教室去上课。在校园里，学生可以直率地批评老师，上课时同学回答问题也不用起立。教师在乎学生的感受，学生在宽松、愉悦的心情下来学习他的功课。他有权利不听，作为教师你必须通过合适的办法来吸引他的注意力，而不是通过强制的手段。在澳大利亚的课堂中，老师时常会说赞许的话语，来鼓励学生，如Good！Great！Welldone！Excellent！Fantastic！等等。即使有时教师发现学生有错误，也会用“我认为……”、“你觉得呢？”等话来提醒，而很少说“你应该”之类的话。

（《华西都市报》）

习题11　请从某报刊或大型门户网站选择你认为有价值的内容，并说明它有什么价值以及你确定其价值的理由是什么？

第二节　思辨能力

思辨能力是指一个人面对具体的现象、事实、材料，理解和辨析的方式及素质。它包括理解力和思维方式两个方面。生活中，有的人接触新事物后很快就能熟悉和掌握其特点，可有的人却长期摸不着门道。一般而言，人们会称道前者的理解力较强。理解力是指一个人理解新概念、新事物的敏捷程度和准确程度。而思维方式是指一个人进行思考的途径和方法。有的人理解力不差，但是因为思维方式的限制，对具体事物的把握往往不周全。理解力和思维方式是相互关联的，理解力的提高依赖于思维方式的开拓，思维方式的改进又需以理解力为基础。

思辨能力对于改善即兴评述有着极为重要的作用：

1. 决定加工材料的效率

即兴评述时，一旦思路凝滞便无话可说。而眼前的材料、脑海中的记忆、感受一并涌来，如何取舍？谁主谁次？怎样结构？是否增补？增补何处？在短时间内理清这些问题，也有赖于良好的思辨能力。

2. 决定说话者的逻辑

即兴评述材料反映的通常是人的行为和观念,是生活中的现象。说话者无法深刻理解材料,便无法打开思路,评述自然不能直指人心。

3. 影响说话者与听话者的交流

心里想不清楚,嘴上当然说不明白,何来交流?比如,说话者类比思维能力较弱,评述过程势必缺少比较,不能很好地"换个说法",难以深入浅出地说明内心的想法,交流效果可想而知。

4. 影响说话者的应变能力

即兴评述无论是一个人完成的独白,还是多个人完成的对话和讨论,难免会遇到一些意外因素。比如,评述时遇到追问,讨论中遭到反驳。此时,回避不是办法,惟有积极思考加以应对。如果一遇到突发因素就"脑子一片空白",即兴评述的质量恐怕难以保证。

综上所述,改善即兴评述效果势必要提高个人思辨能力。关于思辨能力的训练,本节集中于思维方式的训练上,提出价值思维、批判思维、发散思维、集中思维、类比思维、应变思维等六种常见方式。

一、价值思维——针对"主旨丢失"问题

遇到问题的时候,人们一般重在考虑:问题有几方面,有几种解决方法?选哪一种为好?然而,价值思维不同,它是价值中心思维的简称,它的核心是对价值的思考,重在辨析个人的价值取向。它是指思考时,个人始终将"我的价值取向"作为核心问题放在第一位。常见的围绕细节和选项的思考方式是"选择中心思维",是一种"反应式思维";而重在辨析和明确个人价值取向的思维方式是"价值中心思维",是一种"前瞻性思维"。即兴评述过程离不开判断和推理,其所依据的就是个人的价值取向。面对具体事物,清楚自己的价值判断,就能明确语言目的,把握好整个评述的方向。因此,价值思维表现在即兴评述中,也可以说是"语言目的第一"的思维方式。

在即兴评述中引入价值思维,重在利用这一思维方式解决实际遇到的主旨丢失的问题。评述时,有的人说着说着就开始跑题或者没说上几句就不知道如何继续。究其原因,根源在于主旨不定,语言目的不明确。没有明确和稳定的语言目的,自然不能很好地展开评述。因此,解决主旨丢失的问题,关键在于培养价值思维。准备即兴评述时,不妨先明确语言目的,在此基础上追问自己:材料谈了些什么?我的价值取向是什么?我的语言目的是什么?在此基础上所做的推理和结论有多大的解释力?总之,把握了自己的价值取向,抓住了语言目的,也就抓住了说话的主旨,其后,分析和使用材料都能水到渠成。

运用价值思维解决即兴评述问题应注意以下方面:

1. 明确个人的价值标准和语言目的应优先于任何其他活动

先根据材料，梳理个人的价值标准和语言目的，反复确认，直到能够用语言清晰地表达。我们以下例说明：

话题：上三本呢？还是上好的专科？

背景：高考时，很多人会遇到尴尬的分数，到底是选择上三本，还是选择一所好的专科呢？

（中国调查网）

话题分析：没有兴趣，就很难投入地学习，无论三本还是专科，都不能取得好的学习效果。能力上欠缺，勉强入学，不但学习起来感到困难，没有信心，而且长时间没有效果也会慢慢失去学习的动力。因此，面对这一问题，所取的标准应该是"兴之所至，力所能及"。并不一定选一所最好的，但一定要是最适合自己的学校。

根据上述分析，可以确立如下语言目的：通过说理，明确"兴之所至，力所能及"是求学的重要原则，帮助人们认识到学校虽有好坏，但成才的关键在自己，从而消解人们患得患失的心理，在填报志愿时做出明智的选择。

2. 根据已经明确的价值标准和语言目的判断材料，形成思路

上述话题是许多高中毕业生面临的问题，相似的问题还有："是选择好的城市，还是选择好的大学？""是选择好的大学，还是选择好的专业？"面对此类两难选择甚至多种选择时，很多人容易陷入选择的泥淖：

- 三本！现在社会本科越来越多，专科没有竞争力！
- 专科！上好的专科学校可以学到很多专业技术，现在社会竞争激烈，没点技术是站不稳的！
- 三本！专科没办法直接考研，影响今后升学！
- 专科！三本学费比专科贵很多！

……

其实，我们完全可以不急于选择其中的任何一种，也不用着急对每一种进行分析，不妨在明确价值标准和语言目的的基础上，重新认识问题：

(1)材料反映了什么问题：表面上看是选三本还是选专科的问题，实际上反映了当事人对于学业规划的迷茫。

(2)我们的判断：表面看，当事人是担心选错了高校，但他们深层次的担忧是怕影响就业和未来发展。其实，三本和专科都有发展得很好的人才，也有发展不好的庸才，甚至还有屡屡犯错铸成大祸的蠢材。因此，关键是怎么学！学习不考虑"兴趣"和"能力"，而完全沦为谋职的工具，如此功利，恐怕不能成就人。如果能从"兴趣"和"能力"出发，恐怕就不再局限于"三本"和"专科"这一问题，而是"我喜欢什么"、"我能学好它吗"、"在我的选择余地内，哪所院校能提供更好的学习机会"等。因此，对于将来的学习，我们提倡"兴之所至，力所能及”。首先，要为“学习”而选择，不能一厢情愿地过多考虑“工作”。实际上，学什么也不见得将来就做什么。其次，要多考虑“兴趣”和个人能力，不能仅从功利角度笼统地看选哪一项占“便宜”最多。

根据以上的分析和判断，可以形成评述的基本思路：

(1)语言目的和价值取向：通过说理，明确“兴之所至，力所能及”是求学的重要原则，帮助人们认识到学校虽有好坏，但成才的关键在自己，从而消解人们患得患失的心理，在填报志愿时做出明智的选择。

(2)困惑分析：①困惑于“三本”还是“专科”，反映了当事人对于学业规划的迷茫，患得患失。②担心选错高校，实际上是当事人怕影响就业和未来发展。其实个人是成才的主因，学好是发展的关键。三本和专科都可以出人才。

(3)思路引导：①抛开工作，为学习而选择。②抛开功利，为兴趣而选择。③照顾到“能力”，以求可以学成。

由此可见，价值思维对于分析话题和材料有直接的作用。这种“优先思考价值取向”、“优先思考语言目的”的思维方式，即兴评述时若能合理运用，面对繁琐的细节，便能删繁就简。

习题 12 如果你在现场，你认为该如何处理？

一辆公交车正驶往火车站，突然一位刚上车不久的乘客呼喊道：“我的钱包丢了！”经过询问，这位乘客是前一站刚上车的，上车的时候，还拿出钱包买票，有乘务员为证。一站地的时间，钱包丢了，乘客认为小偷肯定就在车上，要求搜身或者直接将公交车开往派出所。可是，车上的司乘人员和许多乘客都表示反对，因为个人无权搜身，而且有许多乘客都着急赶火车。这位乘客义正词严地反问：难道我的钱包就这么白白丢了？里面都是现金、银行卡和证件！

习题 13 你对高考过后这种“解脱”式的消费如何看待？

随着高考主要科目的考试结束，昨晚，同学们在各大餐馆里摆下热火朝天的散伙饭，粗略估计昨晚全市散伙饭消费就上千万元。各大 KTV 成了学生们欢乐的海洋，记者在主城几家大型 KTV 了解到，高考结束当晚的包房爆满，一半以上都是学生，有的 KTV 还专门安排了高考主题派对，与学生们一起做游戏。

习题 14 你怎么看大学情侣流行摆喜宴收红包庆祝恋爱成功？

材料一：昨日，正在重庆广播电视大学念大二的华仔(化名)不停地抱怨，这两个月来，他包括送礼、办恋爱酒席，共花费了 1200 元。如今，他穷得只能蹭饭吃。尽管华仔一直很反感这种恋爱酒席的方式，可迫于生活环境，这个月初，华仔也举办了一场自己厌烦的“喜宴”，因为他也恋爱了。这次“喜宴”华仔把所有能请的朋友都叫上了，整整坐了 4 桌，近 50 个人。虽然花了华仔近 1000 元的酒席费，可是最后的收利还是可观的，整整收了 1450 元的礼金，华仔和女友每人分了 600 元钱。

材料二：2005 年 6 月，南方网在四川西南交通大学做了问卷调查，发现六成大学生在身无分文但需要和朋友或同学出外消费时，选择借钱消费或向家人伸手，而大家的理由则是：这是一种人际消费，也是一种人际投资。

材料三：2009 年 5 月 12 日，郑州大学远程教育学院艺术专业学生殷某，因为摆阔导致自己长期处于贫困线上。为了请客吃饭，他蒙面实施抢劫，最终遭警察逮捕。

（中国调查网）

二、批判思维——针对“人云亦云”问题

批判思维是指面对事实和相关意见时，说话者能够独立思考，有理有据地做出合理明智的判断。批判思维表现出强烈的自觉性、反思性。不过看到“批判”两个字，不少人把它等同于“强烈地反对”。其实，没有理由地胡乱反对恰恰违背了批判思维的原则。因此，批判的关键在于“判断有理有据”和“判断的独立性”，反对“信口雌黄”、“人云亦云”。

在即兴评述中引入批判思维方式，主要是针对“盲目判断”和“人云亦云”这两种问题：(1)妄下结论，判断跟着感觉走——“我觉得如何如何”。因为缺乏扎实的材料基础，不但不能让人信服，而且无法展开评论。(2)人云亦云——“大家都这么说”。这同样缺乏说服力，因为没有材料说明“大家”的说法就是对的。在说理的过程中，不能以人多势众取胜。

训练批判思维，笔者建议从以下两方面着手：

1. 强化理据意识

理据意识是批判思维的核心。拿到评述题目时，首先考虑“考题提供了哪些细节”、“我的判断是什么”、“我的判断客观吗”、“多少素材”、“素材有说服力吗”等问题。

2. 追求独立观点

面对事实、材料或他人观点，不能满足于引用和列举，更不可抄袭，要尝试借力用力，形成自己的判断。

理据意识和独立观点在评述中如何表现和运用，我们以现任美国总统奥巴马的胜选演说中的部分段落为例：

这才是美国真正的精华——美国能够改变。我们的联邦会日渐完美。我们现在已取得的成就为我们将来能够取得和必须取得的成就增添了希望。

这次大选创造了多项第一，也诞生了很多将世代流传的故事。但是今天晚上令我难忘的却是在亚特兰大投票的一名妇女：安·尼克松·库波尔。她和其他数百万排队等待投票的选民没有什么差别，除了一点：她已是 106 岁的高龄。

她出生的那个时代奴隶制度刚刚结束。那时路上没有汽车，天上也没有飞机。当时

像她这样的人由于两个原因不能投票，首先她是女性，其次她是黑人。

今天晚上，我想到了她在美国过去一百年间所经历的种种：心痛和希望，斗争和进步。在那个时代，我们被告知我们办不到，一些人继续坚信美国的信念——是的，我们能做到。

妇女当时没有投票权，她们的希望被挫败，但是安·尼克松·库波尔活着看到妇女们站了起来，看到她们站出来发表自己的见解，看到她们参加大选投票。是的，我们能做到。

当30年代的沙尘暴和大萧条使人们感到绝望时，她看到一个国家用新政、新的就业机会以及对新目标的共同追求战胜恐慌。是的，我们能做到。

当炸弹袭击了我们的港口，暴政威胁到全世界，她见证了一代美国人的伟大崛起，见证了一个民主国家获得拯救。是的，我们能做到。

她看到蒙哥马利通了公共汽车、伯明翰接上了水管、塞尔马建了桥，一位来自亚特兰大的传教士（新浪编者注：即民权运动领袖马丁·路德·金）告诉人们："我们将克服阻力"。是的，我们能做到。

人类登上月球、柏林墙倒下，世界被我们的科学和想象连接在一起。今年，在这场选举中，她用手指触摸屏幕投下自己的选票，因为在美国生活了106年之后，经历了最好的时光和最黑暗的时刻之后，她知道美国如何能够发生变革。是的，我们能做到。

（新浪网）

示例分析：奥巴马借用106岁高龄的安·尼克松·库波尔的经历和视角，提到了美国和世界所发生的种种改变，所取得的种种进步。这些改变和进步无疑都指向了奥巴马开始提出的观点："美国能够改变。我们的联邦会日渐完美。我们现在已取得的成就为我们将来能够取得和必须取得的成就增添了希望。"可以说，奥巴马的观点之所以能够深入人心，不但因为面临金融危机等动荡因素时，他始终在正面引导，鼓舞人心；而且，他从历史和现实中集中了大量的材料支持观点。

习题15　结合新闻背景，在继续搜集相关材料的基础上，对下列网友观点进行辨析。

"严禁伪造嘉宾身份，欺骗电视观众"、"不得选择社会形象不佳或有争议的人物担当主持人"、"不得以婚恋的名义对参与者进行羞辱或人身攻击，甚至讨论低俗涉性内容，不得展示和炒作拜金主义等不健康、不正确的婚恋观"。2010年6月9日，国家广电总局正式下发了《广电总局关于进一步规范婚恋交友类电视节目的管理通知》及《广电总局办公厅关于加强情感故事类电视节目管理的通知》两份正式文件，对"相亲类节目泛滥、造假、低俗"等倾向着手整饬。

（人民网）

部分腾讯网友的观点：

厦门市某网友：广电的文件真是下对了时间！关键是执行的追踪！某些电视节目实在低俗，该出马整治了！

某网友：整治的不仅仅是相亲节目，更应该整治一些无法无天的电视台。伪娘、拜金女之流都在挑战人们的道德底线，策划这些节目的电视台必须要承担责任——作为一个电视台，收视率是你们的命根子，那良心放于何地？播放假广告，损害人们的身体，播放恶俗的节目，那会摧毁民族的灵魂。

广州市某网友：拥护《非诚勿扰》，孟非是个好主持。很多人把《非诚勿扰》及其嘉宾骂得一文不值，相信这些人绝对也和我一样，期期都看。

某网友：对不起，我一期都没看过。一期没看过的，好像也没啥资格骂人家一文不值。

阜阳市某网友：《非诚勿扰》，就是非常无耻的意思！

淮南市某网友：像拜金女之流必须清除！诋毁人格之流必须清除！超级炒作之嫌必须清除！

腾讯某网友：没电视看了，有些郁闷，节目虽然很假，但是很娱乐。

（腾讯网）

习题 16　你同意“文科无用”的说法吗？

观点 1：文科怎能没用，没有文化的研究怎么能找到自我的文化特色。文科是必不可少的。它是文化的祭奠和结晶。

观点 2：虽然我是一个理科学生，但是我还是对文科的情况有些了解。的确，文科生的就业前景不如理科。但是，文科有它存在的道理。我认为当下文理分科应该取消为好，这可能是造成青少年综合素质并不十分完好的原因吧！

观点 3：文科都是些虚的东西，对错都没有明确的标准，背背而已，背完就忘，能解决什么实际问题？我觉得文科没用。

观点 4：什么都不用说，你看看你手头用的哪一样东西是文科生能造出来的？有的文科生连换灯泡都不会。你说有用没用？

观点 5：理科生要转文科太容易了，文科生想转理科，那就太难了。学不好理科的学生才被迫学文科。文科就是水往低处流的“低处”，能有什么大用处。

（中国调查网，笔者有删改）

习题 17　结合新闻背景，在继续搜集相关材料的基础上，发表独立观点。

两名外地到常州的男子因为没有听从驾驶员的劝阻，从公交车的后门上车，遭到驾驶员手持铁棒殴打。同样的一幕两天前就发生在常州市火车站东广场的公交停车场。不过在警方调查时，双方各执一词，争执不下。山西籍外来工郭师傅表示：“他一看到就说下去下去……看我不动，他就拿着铁棒冲过来连推带打……”据郭师傅介绍，当时他的眼睛被打肿了，视线都是模糊的。对于郭师傅兄弟俩的说法，B13 路驾驶员王师傅则表示，动手打人是因为对方先动手。不过王师傅坦言，因为年纪轻，当时火气比较大，才会动手打人。据王师傅表示，就在他打算回到车上时，郭师傅从后面将手中的雨伞抡到了他的后脑勺上。

众人观点：

网友“绿叶满树”：建议公交公司严肃处理该驾驶员，整顿公交形象，这种素质的驾驶员平时表现会好吗？似乎公交公司的其他员工也没因出现这种暴力举动而感到羞耻，这是不正常的。提升城市文明形象，创造和谐社会，是每个市民的责任。

网友“anidkiss”：此事不知真假，但路上 B13 车子都开得疯狂，经常抢道、穿插、别车，比渣土车还恐怖。

某网友：自己从前门上不就没事了么，乘车规则 3 岁小孩都知道，自身素质要提高提高哦！

网友“白木头”：一个巴掌拍不响，人家驾驶员脑子没有问题，不会无缘无故做这种损人不利己的事情。(1)快速公交是常州的窗口，驾驶员有责任维护城市形象；同理，外地人在常州就可以不注重形象了？维护城市形象让他从前面上车，不要导致乘车秩序错乱有问题？(2)无论什么理由，驾驶员打人、骂人是绝对不能出现的。驾驶员也是人，也有尊严。做到打不还手骂不还口你可以吗？不要苛求他人。

（《新华报业网—扬子晚报》2010 年 6 月 11 日）

三、发散思维——针对“思路僵化”问题

发散思维是指沿着各种不同的方面去思考，重组现有的和记忆中的信息，产生新信息的过程。美国心理学家 J. P. 吉尔福特认为：“发散思维是从给定的信息中产生，其着重点是从同一的来源中产生各种各样的为数众多的输出，很可能会发生转换作用”。[①]

在即兴评述中引入发散思维，重在解决思路僵化的问题。常有人在即兴评述结束后，才意识到有很多内容当时没有谈。出现这种情况，原因就在于当时思路郁结，思维直线性。

通过发散思维的训练，可以帮助我们自如地从一点展开联想，丰富自己的评述。具体而言，它有两方面作用：(1)从一到多。新闻事实评述时，一般只有一则材料，良好的发散思维有利于我们联想到相关和相似的其他事实材料，形成事与事之间的比较。(2)从抽象到具象。话题评述一般只提供名词、命题等，较为抽象。通过发散思维则可以联想

① 吴郁：《主持人思维与语言能力训练路径》，中国广播电视出版社。

到更多的具体材料。

训练发散思维，笔者建议从以下方面入手：

1. **畅通联想**

畅通联想要求思维能不拘一格，触类旁通。

示例材料：从右图出发，自选角度，说一段话，时间控制在3分钟左右。

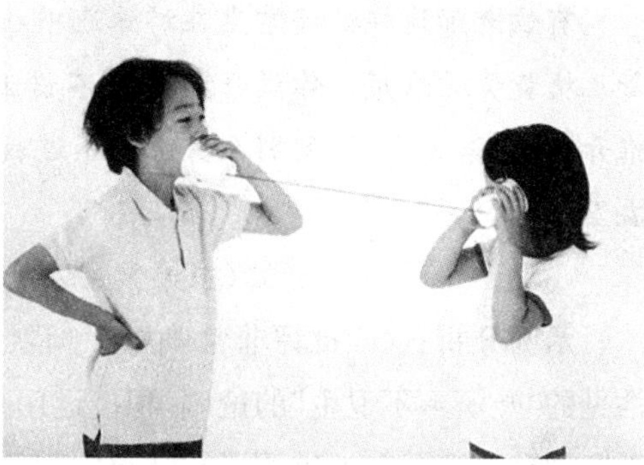

（新浪网）

示例分析：在右图中，两位小朋友在玩游戏，似乎一个在说，一个在听。这是图画的显示出来的内容。但是这幅画也有很多的非限定内容：他们到底在做什么？他们为什么要这么做？他们在什么情境下这么做？这幅画寓示着什么？总之，我们可以找到许多“空隙”，进行创造性理解。比如，我们可以从下列视角展开评述：

（1）联想到“沟通”

视角1：生活需要沟通。如图所示，说得认真，听得认真。有听有说才算真正的沟通。

视角2：两个人离得那么近，却还需要用“打电话”的方式沟通，实在是多此一举。这种“舍近求远”的沟通方式，实际上是沟通不畅的表现。沟通需要真诚，需要除去那些不必要的元素。

视角3：沟通不仅仅是说话，沟通需要创造力。如图片所示，即便离得很近，也可以打打电话，很有意思。生活中，有的父母和孩子沟通不畅时，就想出了写信的方式，或者利用QQ聊天的方式，解决了不少问题。

（2）联想到“游戏”

视角4：游戏是成长过程所必须的养料。如图所示，小朋友拿自制的简易电话，玩得极为投入。这既是一种娱乐，其实也是一种学习，学习了沟通，增强了动手能力和创造力。在幼儿教育和初级教育阶段，我们是不是可以减轻背书识字的功课负担，更多地提供游戏的空间？

（3）联想到“童年”

视角5：童年是人生中充满好奇心和创造力的时光。小的时候，没打过电话，就和小朋友拿杯子和绳子做个“假电话”过过瘾。

（4）联想到“情义”

视角6：比如友情。小的时候，我们拿个“假电话”打来打去，玩得不亦乐乎，彼此成了好朋友。现在天各一方，手机已是日常必备，别的通讯方式也很多，却疏于联系。

……

除了上面这些视角，不同的人可能还有更多不同的解读。总之，根据材料内容，不能做固化的理解，不可“一根筋到底”，要寻找不同的“出口”。

2. 超常联想

超常联想要求提出与众不同的想法。我们结合下列案例进行分析。

有位老师这样批评学生在游泳池中吐痰的不良行为：“大家请看，清清的池水上飘荡着几块黄黄的浓痰。你说吐痰的人不讲卫生？我看他很讲个人卫生。你看他把那口痰推开，让它漂远点，漂到别人身上。不过我又觉得他还是不懂卫生，因为他习惯于在大痰盂里游泳……”

（应天常、王婷：《主持人即兴口语训练》，中国传媒大学出版社）

示例分析：这段批评非常幽默！幽默从何而来？从思维的角度看，这位老师抛开了常见的“吐痰＝不卫生”的论调，积极运用超常联想，从飘荡着浓痰的游泳池联想到“大痰盂”，幽默而又犀利地批评了在泳池中随便吐痰的行为。

习题 18 畅通联想

在国际上，有一个创造学会。在一次会议上，有一个日本学者提出，他认为曲别针有300种用途。当时，有一个中国人，叫许国泰，他说：“明天，我将证明曲别针有千万种用途。”第二天，他发表一份演讲。他说：以曲别针的质量，也就是说它的颜色、重量、形态、质地、柔软度……为横坐标，物理、化学、中文、外语各个方面为纵坐标，就可以证明曲别针的千万用途。他举了一些例子：

比如说在物理领域，它可以用来做各种砝码；在化学领域，它是一种金属，与其他酸类物品反应，可产生不知道多少种用途；在数学领域，它可做成1、2、3、4、5、6、7、8、9、0各种符号，可以演化成无数种的数学分式；曲别针可以弯成26个字母以及其他语言符号，用来表示英、俄、拉丁语等许多种文字；曲别针还可导电；在艺术领域，曲别针拉直了，它可以成为琴弦……

任举事物（如白纸、肥皂、脸盆、电线、麻绳……），列举其用途，并说明自己是如何思考的。

习题 19 超常联想

(1)用“……是美丽的，因为……”说一句话。

示例：真诚的付出是美丽的，因为它能给人带来幸福和甜美。

(2)用“美丽是……”说一句话。

示例：美丽是欣赏的眼光，是热情的鼓励，它给人以向上的勇气和信心。

(3)在“美丽”的前面加个动词，说一句话。

示例：收藏美丽，把美丽收藏起来，让美丽充满我的生活。

(4)以“美丽”为题，自主选材，写一个小片段，3分钟时间。

示例：生活中不是缺少美，而是缺少发现美的眼睛。春日里破土而出的小草是一种美丽，它象征着一份盎然的生机；夏日里枝叶繁茂的大树是一种美丽，它诠释的是一种蓬勃的动力；秋日里波浪起伏的稻田是一种美丽，它展示的是一份硕果累累的喜悦；冬日里傲雪迎风的梅花是一种美丽，它表明的是一种刚毅坚强的信念。我每日在人生之路上旅行，那或许也是一种美丽，它所带来的是艰辛而快乐的收获。

(5)准备 10 分钟，以“美丽”为主题，讲一个 3 分钟左右的故事。

习题 20　超常联想

阅读以下材料，你有何新颖观点，理由是什么？

一年一度的高考已拉上帷幕。教育部就此提醒高生，在高考中的违规行为，除按相关规定严肃处理外，还将被记入诚信档案。为了给高考护航，今年北京警方还首次动用特警为考生巡逻，许多地方呼吁全社会为高考生“让路”。有人问：全社会是否都应摆脱“沉重高考”心理？

观点 1：全社会对待高考，不应该再简单停留在单一的教育视角了。在对待高考上，真的希望能够尽早形成多元、开放、宽容的国家文化心理，让国民心态普遍走出“沉重高考”的文化焦虑，来真正实现高考的全社会心理转身！

观点 2：无所谓啊，不值一提！

观点 3：高考是唯一出路！

观点 4：人生多面门，何必只选一扇门。

观点 5：我个人认为，也许考生本没有太大的心理负担，他们自知要以平常心应考。注重高考并没有错，但是，老师、家长乃至社会总是一味地大张旗鼓地渲染高考。这种浓重的渲染氛围造就了现今的沉重场面，似乎有些小题大做，未免让人咋舌。

观点 6：个人认为，通过高考不能完全反映一个人的成长。我们要吸取世界先进的教育方案。也许，许多人认为这是空谈，认为不符合中国实际。可是，什么叫符合中国实际，非要遵守中国延续几千年的科举制度吗？

四、集中思维——针对“因多而乱”问题

集中思维与发散思维相对应，是指以现象或问题为中心，在大量信息的基础上，从众多已知条件找出最佳解释或答案的思维方式。我们以下例说明：

现有 A、B、C、D、E、F 六人，他们在身高上有着如下五种关系：A 比 B 高，C 比 D 矮，B 比 D 高，A 比 E 矮，F 比 E 高。问这六人中谁最高？谁最矮？

在这个问题里，如果以“谁最高”为指向，推理发现，A、B、C、D、E 都有比自己高的人，通过排除法，F 最高。如果以“谁最矮”为指向，推理发现，A、B、D、E、F 都有比自己更矮的对象，通过排除法，只能 C 最矮。这一思考过程，之所以井井有条，原因之一就是目标

明确，集中思维起到了不可忽略的作用。

可见，集中思维具有两方面特点：(1)指向性，思维指向某一目标。(2)可行性，思维结果具有操作意义。

集中思维在即兴评述中表现为：(1)主线清晰，从一而终。评述的分论点和材料始终围绕主线展开。(2)中心明确，主次分明。评述时明确中心论点，能分清哪些是关键的细节和重要的事件，哪些起到辅助作用，令主次安排恰当。

在评述中引入集中思维，重在解决“因多而乱”问题。有的人平时积累较多，思路较为开阔，但是拿到题目后，却因为思绪纷繁而乱了阵脚，东一榔头，西一棒槌。这就是因多而乱的现象。出现这种情况，原因在于中心不明，主次不分。通过集中思维的训练，有利于化繁为简，主次分明，多而不乱。训练和运用集中思维，本文着重介绍以下两种途径：

1. 追问：针对某一话题或现象，顺着一个目标，通过不断追问，直至问题根源。

背景：昨日，记者从青羊区教育局获悉，本周三，一场特殊的听证会将在该局会议室举行。由教师、教育局领导、家长、学生、社会人士等数十名听证代表组成的听证团，将激辩“三好学生”的去与留。青羊区教育局长娄进表示，如果半数以上代表通过的话，将在本学期起，取消该区小学“三好学生”评选制度。据悉，由一级教育行政主管部门组织召开是否取消“三好学生”评选的听证会，这在全国还是首次。

现象：“由教师、教育局领导、家长、学生、社会人士等数十名听证代表组成的听证团，将激辩‘三好学生’的去与留”。

目标：我是否支持继续评选三好学生？

追问：

(1)什么是三好？

思想好、学习好、身体好。

(2)为什么要评选三好学生？

三好实际上代表着全面发展。评选三好，目的应该是为了树立榜样，引导学生全面发展。

(3)评选三好起到这样的作用吗？

实际上收效甚微。

(4)收效甚微并不是取消三好评选的充分理由？

义务教育，初级教育阶段的目的并不是培养精英，表扬少数的做法须慎重。另外，在三好学生评选阶段，加入了太多人为因素，出现过太多的猫腻。如此评选三好，对于教育是一种伤害。

(5)取消就能解决这些问题吗？

客观上，取消三好评选，回避了这些问题，但不能说根治了这些问题。因为，没有三好，还可能有其他评选和不公出现。

(6)问题的关键在哪里？有什么对策吗？

问题的关键在于教育的功利化。在教育教学的过程中，因为升学等各种原因，连中小学生在学校中获得的荣誉都已经变味了。因为荣誉和各种升学便利挂钩，人们为了获得这些便利，就出现了一些违规现象。可以说，不完全是“三好学生”出了问题，更主要是评选的人、评选的过程出了问题。解决这一问题，关键要从根上解决教育功利化的问题，淡化荣誉与升学事件的关系，加强监督。

通过追问，我们对这一现象和争论有了更深的认知，评述时，也更容易摸清主线，抓住主旨，有理有据地展开论点。

2. 概括：拿到某一材料，顺着一个视角，言简意赅地对其进行概括。见下例：

我在一个公园里见过两只天鹅。一只被剪去了左边的翅膀，它被放养在一个较大的水塘里。另一只完好无损，它被放养在一个较小的水池里。

当时我大为不解，就请教那里的管理人员。他说，这样能防止它们逃跑。我问为什么？管理员解释道，剪去一边翅膀的无法保持身体平衡，飞起来以后就会掉下来；而在小水池里的，虽然没有被剪去翅膀，但起飞时会因没有所需的加速距离，只好老实待在水里。这样的情景让我想起了人世间的许多事来。

问题：你看到这则故事，想起了什么？

(1)批判社会视角

这两只天鹅的遭遇，让我想到了一些不合理的社会管理体制对个体发展的压抑和改造。

表面上看，文中的管理员很聪明，确实限制住了两只天鹅。但是，他不知道这两只天鹅在空中飞过的身姿才是它们最美的样子。生活中，在一些社会组织和团体机构中也有这样的现象和这样的管理者。这样的人越多，人才发展的受限就会越多。

(2)批判个人视角

“剪去翅膀”、“小水池”的确可以和客观环境对人的约制联系起来。但是，人不是天鹅。天鹅被剪去翅膀，是因为人力强大自身无奈，难道人也会那么轻易地让人剪去自己骄傲的翅膀吗？生活中确实有人在困难压力还没来临前，他就趴下了，甚至屈膝跪下了。水池小，天鹅无法改变，那是因为它没有这个能力。生活当中，如果遇到过于局限的环境，个人可以选择离开。可是就有这样的人，无论多小的环境，哪怕是一个笼子，他也不愿意挪窝。这样看来，到底是环境限制了自己，还是自己的惰性阻碍了改变的脚步呢？

这则故事从某种意义上揭示了生活的无奈，但是我们更应该看到：人毕竟不是天鹅，人不但能适应环境，而且能适当地变换环境。如果你有梦想，少一些抱怨，拍拍翅膀赶紧飞吧。

示例分析：以上分别从社会批判和个人批判的视角对材料进行了概括(见画线部分)，对观点的阐述也始终围绕这一视角。集中思维使得整个论述针对性非常明确，达到了较好的论述效果。

习题21 选取视角，分别概括材料反映的事实和观点。

正在济南上小学3年级的文文每周六要上4个兴趣班，从早上8点一直到晚上9点没有一刻得闲，以致9岁的文文十分羡慕退了休的爷爷奶奶，向妈妈提出要求说：“妈妈，我也想退休。”

相比之下，文文负担还不算最重。记者一位朋友的女儿正念4年级，时间表排得满满的。每天下午要上课后班，回到家吃完饭就赶紧做作业，晚上8点半就要上床睡觉。为了保证做作业的时间，已学了3年的钢琴课停了，电视也不让看。周六、周日两个下午学游泳，一个上午学画画，一个上午学英语。孩子整天疲惫不堪，不断地抱怨说：“我一点也不快乐、不幸福”。

童年本来应该是充满快乐、充满幻想的美好时代，那么是谁“偷”走了孩子的快乐？是家长？记者采访中发现，实际上这些带着孩子奔走于各个兴趣班的家长也很无奈。一位坚持让孩子学钢琴4年的妈妈告诉记者，每天练琴的时间是她最痛苦的时间，孩子不是磨磨蹭蹭不想练，就是弹完一遍就跑了。每次她都得大吼大叫，厉声训斥，搞得身心俱疲。“我难道不心疼孩子？我难道不累？可是小时候不抓紧时间学点东西，以后功课越来越多，就没时间学了。我总觉得，童年时期还是不能荒废了。”

“不能让孩子输在起跑线上”，是大部分家长的心态。但是采访中有专家提出，这本来就是一个伪命题。一个人的成长不是百米短跑，而是漫长的马拉松比赛，起点就开始冲刺不利于孩子一生的健康发展，应该科学合理地安排不同阶段的体力，不让孩子幼小的心灵和身体背上沉重的负担。

实际上，对于孩子来讲，最重要的是良好的生活习惯、学习习惯和道德品质的养成教育。如果我们的孩子都有一颗爱心，有丰富的内心世界、敏锐感知美的能力，他的生命就必将会获得更多的幸福感，他的内心才会不时地被快乐包围。

（新华网2010年5月30日，作者王海鹰）

习题22 选取视角，分别概括材料反映的事实和观点。

世博开幕已10日，园区内除去那些场馆与展陈，令人印象最深的，还属那一群身着绿白服装，自诩“小白菜”的志愿者。他们几乎举目可见，随时随地为大家倾心服务。用“最靓丽的风景线”形容他们，并不为过。

园区外的街巷之间，站在“七彩之心”亭里微笑服务的站点志愿者，也让身着的“海宝蓝”成了流行色。整个世博会期间，园区内外的注册志愿者就达20万，还不包括数以百万计的城市文明志愿者。很多人就此认为，上海世博会是让“志愿者文化”在上海生根发芽，乃至蔚然成风的绝佳契机——当年的北京奥运会，就是如此。

这当然是对城市文明进步的极好愿景。以规模论，志愿者数量的空前巨大已经反映了人们的志愿热情。服务过程中，他们费尽辛苦，开园仅一周便用自己的汗水和微笑写下了众多感人故事。且可以肯定，这样的“书写”将会在剩余的170多天里不断延续。人们也熟悉，一边流汗的他们脸上始终挂着微笑。“累并快乐着”，几乎是志愿者们众口一词的服务体悟。

但是否每一个人每一时刻都在体味快乐？并不。纵然总体良好，他们的服务过程却也时有无奈甚至委屈。偶尔在微笑示人的背后，他们还偷偷咽下泪水。笔者曾在园区内采访一些志愿者。闲谈间，便听他们列数过这样的遭遇：某先生问市区里某酒店在哪里，“小白菜”的指点稍不如意，便被斥“你们当的什么志愿者？”某女士插队，志愿者上前细声劝阻，却碰了一鼻子灰；人流密集的那几天，在一些地方发地图或预约券的志愿者曾遭遇哄抢，他们在人流冲击下步履维艰，到头来还可能成为无功而返者的出气筒……一位志愿者在日记里写道，自己服务完回到宿舍，给父母打电话讲述一天的遭遇，“说着说着就哭了”。

这还只是尴尬的一部分。私下里，志愿者们相互之间还会“叹苦经”。这在他们的网络空间中可以寻到不少踪迹。他们还感到无奈的是，自己稚嫩的肩膀上常要经受“不能承受之重”。似乎“千挑万选”出来并经过专门培训的志愿者就是“万宝全书”，就该应对各式问询、胜任各类工作，吃苦耐劳都算理所应当。于是他们便会碰到观众执意求问难解之题，或是承接一些本不属于他们职责的事务乃至不该他们全担的职责——显然，这对他们并不公平。

平心而论，这样的尴尬不能算常态，但也说明我们的城市距离真正形成“志愿者文化”的氛围还有一段长路。因为要使志愿服务这一共同行为上升到文化，在志愿者们自身努力外，还需包括广大受服务者在内的更多方面的良性互动。

就上述论，这种良性互动显然尚存缺陷。究其根源，便是大众面对志愿者时的认知偏差。若用一句话来概括志愿服务的要义，“如何面对服务对象”该是恰当的。但另一边，身处志愿者对面的我们，又该如何面对志愿者这样的问题，似乎鲜有人深思。人们习惯性地将志愿者认作工作人员的一部分，并以相应的要求对之。但按相关条例解释，志愿者是“不以获取报酬为目的，自愿以智力、体力、技能等为他人和社会提供服务和帮助的公益性活动”的个人。他们的行为并非契约规定，其承担的职责，也当在力所能及之限，性质迥异于有明确职责分工的“工作人员”。面对他们，我们当予以充分宽容，将其视作“万灵药”实属苛求。

以情理论，他们的付出更不该被认作理所应当。志愿者在付出过程中感知着一种纯粹、自发并通达心灵深处的奉献之喜，并因此对自己有严格的要求，以至期待尽善尽美。在这种付出中闪耀着的，是至为美好的人性之善。良善之事期待良善之报，唯有如此才能形成一种良性循环。这是每个人都有的生活经验——做了好事，却得不到精神上的褒赏，谁乐意呢？况且，志愿者们对这褒赏的要求是不高的，只要有一句轻轻的感谢，抑或是一个善意的微笑，他们便会感觉到莫大的满足。

宽容、友善、尊重，并在接受服务之后反馈以感激，便是我们面对志愿者时的应有之举。人同此心，这并不是什么难办的事情。哪怕志愿者的某次服务不令人满意，出于最基本的温情，我们也没有必要铁石心肠。这群年轻人(也有中年甚至年迈的长者)常受日晒雨淋，不时口干舌燥，甚至要喊破喉咙。接送他们来回的班车不过是普通的公交车，以至有人一日辛苦之后只能坐在车地板上昏昏睡去。想想这些，谁的心不会软呢？

(《解放日报》2010年5月10日，作者朱珉迕)

五、类比思维——针对“孤立无缘”问题

类比思维是生活中常见的思维方式，比如，比喻就是类比思维的一种。遇到了说不明白的情况，我们常用“好比是……”来解释。类比思维通过对两个事物的比较印证，用以说明其中一个的特点，从而能够更客观更全面地理解事物。类比思维在即兴评述中具体体现为：(1)他山之石，可以攻玉。评述时，借此说彼，用大家熟悉的事物说明不熟悉的事物，方便理解和接受。(2)触类旁通，举一反三。通过分析事物，总结规律和方法，并将此运用到解决其他相似问题上。

在即兴评述中引入类比思维，主要是针对“孤立无援，表达无趣”的问题。有的评述就事论事，缺乏比较，殊不知没有比较，就很难深入事物。而运用比喻，则可以使评述深入浅出，富于趣味。训练类比思维，笔者建议从以下两方面入手：

1. 同类比较，说明特点

有效关联同类事物，或分析其共性，或比较其个性，以下面这则评论为例：

《霸王别姬》的故事从程蝶衣被母亲送去学戏讲起，花了不少的篇幅讲述戏班少年的艰辛。《梅兰芳》则少了对梅兰芳少年时代辛苦练功学戏的描写。电影《梅兰芳》一开场，出自梨园世家的梅兰芳就已经是可以跟十三燕搭戏的名角了……在“少年梅兰芳”这段故事中，导演将笔墨重点放在梅兰芳和梨园前辈十三燕斗戏的情节上。这也使得《梅兰芳》的第一部分突出了梅兰芳艺术上的精彩，不像《霸王别姬》那样深入地触碰到社会最底层的黑暗。

……

《霸王别姬》里程蝶衣遭遇的坎坷和《梅兰芳》中梅兰芳的坎坷大不相同。虽然同样是在历史的洪流中身不由己，但从气节上讲，梅兰芳胜过程蝶衣太多。从刻画人性的深刻程度上来说，《霸王别姬》的“坎坷”似乎要更胜一筹。程蝶衣的坎坷更能让人感同身受，对于梅兰芳先生的蓄须明志，观众更多的是佩服和敬重。

(《北京晨报》2008年12月2日，作者杨莲洁)

示例分析：这是影片《梅兰芳》试映后，《北京晨报》所刊登的影评中的片断。这两部影片都出自导演陈凯歌之手，也都获得了好评。作者在介绍新片《梅兰芳》的时候，拿《霸

王别姬》做参照，对两部影片中相似的角色和剧情进行比较。这种比较，从某种个性化的视角出发，展示了人物特征和影片的艺术特质。

2. **运用比喻，形象易懂**

在遣词造句时，合理地运用比喻、比拟等手法，深入浅出地说明事物，让表达显得清晰、有趣。

嘉宾：家庭生活是一本书，唠叨是其中的标点符号，绝对不可少。希望每个家庭都能善待它，那样一定天天都是好日子。

崔永元：有的书打开你会觉得标点符号比较多，作者就是这么写的。

（《实话实说·唠叨"唠叨"》）

示例分析：把"家庭生活"比喻成"书"，把"唠叨"比喻成"标点符号"，把"唠叨的家庭成员"比喻成"作者"，生动形象，而且也说明了唠叨"绝对不可少"。哪本书可以没有标点符号呢？只要需要，哪位读者会计较标点符号多少呢？通过这样比喻，的确让人对唠叨有了新看法。

《人民文学》杂志的编辑崔道怡先生在中国传媒大学某次讲座中提到，"文学是情学"、"作家是情种"、"作品是情书"。他认为，"作家应该成为读者感情的上帝"。崔先生有极为深厚的文学修养，这些巧妙的比喻很别致地解释了文学与情感之间的关系，让人耳目一新，思路大开。

3. **借题发挥，巧妙引申**

有的情况下，两个事物虽无法比较属性，也没有必然关系，但是通过字面和语音上的相似性可以有所引申和发挥，改善说话的效果。

叶惠贤（上海台主持人）：现在，我请大家猜一则谜语："水上人家"——猜猜我市某领导人名。

不一会儿，"江泽民、江泽民"的热情呼唤此起彼伏。江泽民满面笑容地走到前台，向大家频频招手致意。叶惠贤请江市长讲几句话。没想到，江泽民同志竟顺着"水上人家"的语意，以上海"雨大、水大"为理由，幽默地"别解"自己的名字。

江泽民：……大概是我的名字起得不好，三个字中，带三点水的就占两个，所以有外电称我为"水市长"。

（全场有会心的笑声，也有小声议论）

叶惠贤：（接语轻快）……我觉得，如果说江市长是"水市长"，也不是没有一点道理……你们看，在上海的这两年里，江市长为解决市政建设方面的问题花费了大量心血，他与上海人民的深厚感情真是水乳交融，他来到我们中间真是如鱼得水！

顿时，全场报以热烈的掌声。

（吴郁：《主持人思维与语言能力训练路径》，中国广播电视出版社）

示例分析：首先，“三个字中，带三点水的就占两个，所以有外电称我为‘水市长’”，就是引申的表现。主持人叶惠贤从“水市长”出发，通过字面相关，引申出“水乳交融”、“如鱼得水”，用以说明江市长与上海人民之间的情义。需要提醒的是，借题发挥，巧妙引申，目的是为了说明事物，最后一定要符合事实和语境，不能为引申而引申。

习题 23 以“柳暗花明”说明人生的某种境遇。

习题 24 以“花红柳绿”说明你的某种感受。

习题 25 结合自己的观影经历，你能巧妙地说明“电影是什么”吗？

习题 26 以“梅、兰、竹、菊”形容自己所熟知的四个人，并巧妙地说明他们的特点。

习题 27 运用类比思维，巧妙解释名词：主持人。

习题 28 运用类比思维，巧妙解释名词：话筒。

习题 29 运用类比思维，形象地说明“低碳经济”。

所谓低碳经济，是指在可持续发展理念指导下，通过技术创新、制度创新、产业转型、新能源开发等多种手段，尽可能地减少煤炭石油等高碳能源消耗，减少温室气体排放，达到经济社会发展与生态环境保护双赢的一种经济发展形态。发展低碳经济，一方面是积极承担环境保护责任，完成国家节能降耗指标的要求；另一方面是调整经济结构，提高能源利用效益，发展新兴工业，建设生态文明。这是摒弃以往先污染后治理、先低端后高端、先粗放后集约的发展模式的现实途径，是实现经济发展与资源环境保护双赢的必然选择。

（百度百科）

习题 30 运用类比思维，形象地说明“具体问题具体分析”这一命题。

习题 31 阅读下列材料，尽可能搜集相关相似材料，通过比较，自选角度进行评述。

在 307 国道藁城收费站至晋州路段，有一个盗窃团伙多次在长途客车上行窃，事情败露或者被人制止时，竟然出手伤人，乘客和司机都敢怒不敢言。

报料的王先生说，他 8 日乘坐一辆石家庄车牌的长途客车行至藁城收费站路段，两个 40 岁左右的男子上了车，司机和乘务员没有索要乘车费。过了一会儿，其中一个男子便把手伸进一个靠边座位上熟睡女孩的包里行窃。女孩儿惊醒后，大叫一声。小偷眼看事情败露，竟然发怒，照着女孩儿的头就是两巴掌，打完后竟然跟没事儿似地继续乘车。直到汽车即将驶进晋州境内附近，那两人才大摇大摆地下车。

采访中，一个饶阳的小伙子说，他最近来往石家庄十多次，亲眼见到了 4 次盗窃。据了解，要是遇到外地车，小偷上车后会甩下几块钱车费，要是石家庄的车，他们根本就不给钱。“上车就偷，被发现就打，下车就走，猖狂得很”。

记者 9 日就此情况向市公安局公交分局反映，一位工作员说他们不管这方面的案件，他给了记者一个号码，让记者向长途客运站派出所反映。而当记者与该所联系时，一名工作人员说，他们只管站上的治安案件，“客车运行途中发生的案件，应该交由案发地的派出所负责”。

（《燕赵都市报》2010年6月11日）

六、应变思维——针对“应激失措”问题

应变思维是指从客观实际出发，根据目的、内容、语境、对象的变化，科学分析，正确判断，及时巧妙地处置各种复杂变化的思维方式。即兴评述因为其临时性而加大了难度，正是应变思维要集中解决的问题。不过，我们不应该盲目认为应变思维是仙女棒和万金油，能够解决一切。应变思维其实是思维的爆发力，需要处变不惊的心理能力、知识和经验的积累。

应变思维在即兴评述中具体体现为：(1)灵机一动：心理紧张，思路混乱，甚至什么也想不起来，可突然在一个细节的刺激下，什么都清晰起来了——主题、线索、层次、材料，好像一下子都各归各位。(2)超常发挥：长期的积累，加上较为稳健的心理状态，在材料和考场因素的刺激下，思维一下子活跃起来，因而达到了平常没有达到过的高度。这是应变思维的结果。

在即兴评述中引入应变思维，主要针对“应激失措”问题。有的人平时积极准备，做了不少练习，可临场时却什么也想不起来，评述效果不理想。究其原因，主要是心理紧张抑制了思维。也就是说，思维在面对话题和材料时，缺乏积极性和爆发力。

综上，训练应变思维，并不是直接训练“灵机一动”、“超常发挥”，关键在于设置应变环境和干扰因素，激发自身的知识积累，自觉调节心理状态并保持思维的稳定和连贯。笔者建议从以下几方面入手：

1. 设想应激环境，熟悉激发因素

了解即兴评述的常见语境，分析评述过程中可能出现的干扰因素，有备而来。这样有利于释放心理紧张。

2. 打断再续

评述被打断，甚至长时间打断之后，仍可以接续上。平时可以强化此类训练，培养稳定的注意力。

3. 临时问答

平常练习，可以就某个话题，邀请别人随时提问，自己随时作答。

4. 转移注意

评述时遇到干扰因素，临时又不能解决，不妨先转移注意力。

5. 化用干扰

临时出现的干扰，若与主题有关，不妨借机说话，将其变成有利因素。

习题 32 打断再续

某高考考场外，两位同学见面。

甲："刚才的作文写得怎么样？"

乙："还行，'旱'这个题目还能想到些东西。"

甲："什么'旱'？题目是'早'。"

乙："什么？！不会吧！"

丙、丁："是'早'。"

……

以此为背景和由头，请讲一个故事，时间 3～5 分钟，要求情节生动，内容完整。

训练设计：3 人为一组，其中一人讲故事，另外两人每分钟打断其一回，打岔方式包括"随便聊点儿什么"、"指出其故事的破绽"、"说说自己对故事的设想"、"要求其帮助回忆前面的故事内容"等，时间在 10～20 秒为宜，之后要求其继续原来的思路，直到讲完故事。

习题 33 临时问答、转移注意

在村里，年届八十的他是富人。他不仅能按月领到 2300 余元离休工资，还种了红薯、黄豆、花生、芝麻等农作物。可他对自己，节俭得近乎"自虐"。在他家不到 30 平方米的土坯房里，只有一张床，床上的棉絮已经发黑、发硬，一盏煤油灯是他家唯一的照明工具。家里最值钱的物品不到 10 元钱，每天的生活费不到 1 元钱。他将自己的物欲降到最低，过着苦行僧般的生活。然而，与对自己的"苛刻"相比，老人在资助教育和学生方面，却出奇得大方。

这位老人是江西省新余市罗坊镇的退休教师蒋国珍。老人家说，贪图物质享受是卑劣的，帮助别人才是一种享受。捐资助学，对他而言是最重要的事情，这让他觉得幸福和快乐。

1957 年，蒋国珍被错划为右派，直到 1979 年得以改正。改正后，他马上将国家补发给他的 22 年共计 9600 元工资，一次性捐给国家教育事业。

蒋国珍总能神奇地把钱送到最需要帮助的学生手中。当蒋国珍把 7000 元放在村民胡细莲手中，作为资助她女儿廖思思上大学的费用时，正为女儿高额的上学费用一筹莫展的胡细莲几乎不相信自己的眼睛。这位老人，她从来不认识。她感慨"世界上真有活雷锋！"

老人倾其所有助学救困。他先后在家乡的下山桥小学和中学、罗坊中学、罗坊希望小学等学校设立奖学金，奖励品学兼优的学生。同时，他帮那些家境贫寒面临辍学的学生代缴学费。有的人家 3 个小孩上大学，近万元学费都由老人资助；有的人家，小孩从大学起，每个月的生活费都由蒋国珍定期汇去，4 年来从未间断。

在南昌大学读书的廖二宝，家境贫穷。听说老人家乐于助学的事迹后，廖二宝找到老人寻求帮助。可当他踏进蒋国珍家时,他惊呆了。老人家徒四壁,连坐的凳子都不成样。"我哪能请他救助,他才是需要帮助的人。"廖二宝掉头就走。可当老人从旁了解到廖二宝的情况后,马上取出4000元追上廖二宝。此时,天上下起了倾盆大雨。当老人浑身湿透,把钱送到廖二宝手中时,廖二宝热泪盈眶,扑通一声跪在了地上。

30年来,蒋国珍资助、奖励的学生多达两万余人,累计金额20余万元,超过了他全部工资的总和。

(《中国青年报》2010年6月11日)

以上述材料为新闻由头,自选角度,进行评述,要求观点明确,逻辑顺畅,言之有物,时间在3～5分钟。

训练设计:3人一组,组员A发表观点后,其他两人在搜集相关相似材料的基础上,对组员A进行提问。

习题34 化用干扰、转移注意

今年的重阳节前后,北京市政府将"悬赏"奖励1万名北京孝子。北京市老龄协会副会长刘景林解释说,评选将推荐和自荐相结合。第一阶段是从北京各个村和社区开始收集,集中到各个区县。目前这一阶段工作已经完成。在第二阶段,各个区县将对突出的孝星进行表彰,并按照人口比例向北京市进行推荐。在今年的重阳节前后,北京市将对1万名北京孝子进行表彰奖励。刘景林告诉记者,这项评选将成为常态,今后每年都将进行。

(《法制晚报》2010年6月11日)

以上述材料为新闻由头,自选角度,进行评述,要求观点明确,逻辑顺畅,言之有物,时间在1分钟。

训练设计:3人一组,组员A无需另外找材料,只针对上述材料发表观点。其他两人需事前搜集相关相似材料若干,在组员A发表观点后,组员B或C可以再提供一则材料,要求其结合新材料完善刚才的思路。以此方式来回多次,最后组员A应结合多则材料说明观点。对于一时无法解决的问题,组员A应想办法转移对方注意力。

第三节 结构思路

结构思路是在语境、对象、材料和要求都明确的情况下,说话者提取主旨,形成观点,展开层次,定位材料的过程。它是想法从模糊到明确,从笼统到细致的过程。结构好的思路不再是灵机一动的闪念或支离破碎的感受,需满足两点基本要求:(1)清晰——主线清晰,层次分明,不同层次的核心观点可落实到语言。(2)简约——结构只反映整个评述的骨架,并不具体到所说的每一句话。对于即兴评述而言,结构思路具有不可忽视的作用。

1. 结构思路是不可或缺的重要一环

有的人“重说轻想”，“重即兴，轻准备”，拿了就说，追求速度。这种盲目的举动往往导致“说了，但说不好”，“即兴，却没内容”。可见，忽视结构思路，没有明确的构思环节，不利于即兴评述创作。

2. 结构思路是内容创作的真正开始

搜集资料、锻炼思维为创作做好了准备，而结构思路则是创作的真正开始。结构思路的过程就是调动储备的过程，也是具体运用思辨能力的过程。

3. 思路是语言组织的前兆

不少人有这样的经验，评述前感到语句无法顺畅。这是因为思想没有落实于语言，思路并不稳定。思路应该是那些已经落实到语言各个层次的核心观点和关键词。它是“语言组织的前兆”，具体的语言表达就是对核心观点和关键词的展开。

4. 思路是调节的参考图谱

即兴评述的评价标准中，有一项是“弹性标准”。这一标准是指在评述过程中，能根据要求调节表达的内容，妥善处理交流中的问题。这种调整虽然落实在具体字句中，但是“需不需要调整”、“调整什么”、“具体落实在什么地方”却需着眼于整体结构。可见，思路就像一张“地图”，是调节即兴评述的重要参照。

本小节从两方面入手训练结构思路：(1)针对常见的“写好再背”的准备方法，提出“结构化而非文本化”的构思原则，重在解决构思“繁琐”和“固化”的问题，引导同学树立“提纲挈领”的意识，力求简约。(2)介绍构思的加减策略，有针对性地解决如何提纲挈领的问题，让思路清晰可见，使构思具有可操作性。

一、“提纲挈领”与“写好再背”

据笔者观察，每年播音主持专业面试的考场外，都有考生在匆忙地“写评述”，然后背诵。可进了考场却说得磕磕巴巴，甚至因为忘记而不知所措，评述缺乏自如感和交流感。

1. 写好再背——文本化的风险

文本化是指构思时，随想随写，形成篇章，然后依据文章进行背诵。写好再背在现实生活中很常见，如领导讲话、主题演讲等，是文本化的典型表现。充分细致的准备在某些场合增加了庄重性，降低了一定的风险。可是写好再背的构思过于严密，仔细到了一字一句，这在即兴评述中并不适用。

首先写完文章也不见得就会背诵，写好再背加重了记忆负担。其次，写好再背增加了评述的风险。相对于提纲来说，写好的稿子是高度封闭的语言结构，拆解或更改文章结构，都很费事。说话者因为个别词语记不起来而“语流倒车”，在即兴评述中很常见。如果无法重新记起，将无法顺利完成后面的内容。第三，写好再背缺乏实用性。即兴评述的准备时间有限，写好再背往往导致写到哪儿算哪儿，很容易犯洋洋洒洒只说明一个要点的毛病。第四,训练中使用写好再背的准备方式,不利于提升即兴评述的水平。

2. **提纲挈领——结构化的弹性**

结构化是指构思时,形成层次分明的纲要,既可以写下来,也可以作为腹稿。提纲挈领是结构化的形象说法,其关键在于抓住主旨,形成层次,以便于统帅材料,形成完整的结构。其优点如下:

(1)明确:不再是朦胧的感觉和零碎散乱的思想火花,而是可以落实到语句的观点。

(2)完整:不是想到哪儿说到哪儿,而是有主旨,有层次,并对材料有定位的完整构思。

(3)弹性:即兴评述的语境变动性较大,说话者需要即时调整思路和语言,比如脱落、变动、增补等。结构化的方法有利于在评述时实现这种调整。

下面我们结合案例对“提纲挈领”与“写好再背”进行详细比较:

新闻背景

再有两天——6 月 16 日,就是我国的传统节日端午节了。从明天开始,“端午小长假”正式开始。然而,很多市民却选择“蜗居”在家,一边看世界杯,一边吃粽子,节日气息寡淡无味。

文本示例

个人认为,端午节远不是吃粽子这么简单。在我们“消化”节日时,应该探寻一下其中的文化内涵,感受它所承载的民族精神,重塑我们的人生价值理念。

2200 多年前的农历五月五日,屈原怀着对楚国深深的眷恋,投汨罗江自尽。当地的人们知道这个消息后,都划着船去打捞他,直至追到洞庭湖,也没发现屈原的尸体,就包粽子,投到江里去祭奠。自此以后,人们有了在这一天赛龙舟、吃粽子等习俗。

屈原至高无上的爱国主义精神,被载入史册,影响和感召着一代又一代中华儿女。作为中国最伟大的爱国诗人之一,也是我国已知最早的著名诗人和伟大的政治家,屈原于 1953 年被世界和平理事会确定为当年纪念的世界四位文化名人之一。可以说,屈原是中华民族“以爱国主义为核心,团结统一、爱好和平、勤劳勇敢、自强不息”民族精神的杰出代表。而由屈原繁衍开来的端午节,更是传递爱国主义等民族精神的重要载体。

端午节是我国的重要传统节日之一,并被确定为国家法定节假日,足见其文化地位之重。在传统节日、民俗文化被渐渐淡忘的今天,重唤“端午文化”,有着重要的历史文化意义。

因此,在过端午节的同时,不能只热衷于一些形式上的庆祝,应透过历史积淀,将深蕴其中的传统文化内涵细细品鉴,将闪烁其中的民族精神火炬放大传递。

(千龙网 2010 年 6 月 13 日,作者王文武)

结构

以上文为基础,笔者抽理出其中的结构:

1. 引子：端午临近，但节日气息寡淡。

2. 观点：过节还需探寻其文化内涵，感受它所承载的民族精神，重塑我们的人生价值理念。

层次一、屈原与端午文化

材料(1)屈原投江、民众打捞、赛龙舟、包粽子

材料(2)1953年，屈原被世界和平理事会确定为当年纪念的世界四位文化名人之一。

层次二、在传统节日、民俗文化被渐渐淡忘的语境下，呼唤"端午文化"。

材料(3)端午节是我国的重要传统节日之一，并被确定为国家法定节假日。

3. 结尾：过端午节，应细细品鉴其中的传统文化内涵，放大传递其中的民族精神火炬。

示例分析：试想，如果只有10分钟左右的准备时间，完成上述文本的可能更大还是完成上述结构的可能性更大？如果都可以完成，那么，是记忆文本的可能性更大还是记忆结构的可能性更大？如果都可以记得住，那么，是文本的调整余地大还是结构的调整余地大？答案不言而喻！

综上所述，即兴评述时，应取"结构化而非文本化"的基本原则，在充分掌握材料的基础上，将更多的注意力放在结构上，而非字斟句酌的准备上。

二、结构的加减策略

即兴评述构思时间短，不能落于笔头，思路稍纵即逝，其间又容易引起心理紧张。因此，构思尤其要有步骤性。本文提出的加减策略具体是指，减头绪，收线索；加层次，丰信息。这一策略简便易行，有利于将思路逐步落实到主旨、线索、层次、信息要点上来。

1. 减头绪，收线索

拿到材料或命题后，个人储备受到激发，有人会觉得"这一点需要说"、"那一点应该提到"，闪念形态的内容很多。虽然触角丰富，可一旦说起来，却杂乱无章，不得要领。针对这种情况，笔者建议删繁就简，先形成评述的线索。见下例：

新闻背景

北京市第六次全国人口普查将于11月1日正式启动。在这过程中还将启动户口整顿工作，京籍超生人口以及持劳改释放证、复员转业证、迁移证等未落户人群将给予落户。

（新浪网）

借此次人口普查，北京将进行户口整顿和摸底工作。据介绍，这项工作8～9月开展。目的是摸清人户分离人口、流动人口、外籍人口等数量。

顾兖州介绍说，户口整顿期间会涉及一些户口政策，应销未销户口的居民应该通过户口整顿销户口，应落未落户口的人则应该通过户口整顿落户口。

据了解，由于拆迁等因素，目前北京部分老城区，存在人已经搬走、房子已经拆迁，但户口还依然存在的现状。市统计局表示，对于这样的户口，此次将予以销掉。此外，一些死亡人口未销的户口也要予以销去。

同时，部分需要落户的人员也将予以落户。包括北京户籍的超生人口以及手持几种证件的人员，包括劳改释放证、复员转业证、迁移证等。

（《新京报》2010 年 6 月 10 日）

思路模拟

(1)中国人口多是个问题，可中国公民的孩子上不了中国户口，符合现代法治精神吗？这些小生命属于中国人、外国人还是外星人？

(2)法律面前人人平等，不该罚了钱才可以落户。应该无条件上户，孩子没罪。

(3)免费上户最好。现在太多没户口的小孩了，特别是农村，收入又低，上户口要很多钱还要有熟人。

(4)不让超生的孩子承担难道让独生子女承担？

(5)如果顺利上户，超生更严重。特别是广东，据说一家三四个孩子的情况不少。

(6)中国人口已经太多了！如果还不加限制，无尽超生，什么资源都要竞争，将来怎么办？

(7)不能鼓励超生！现在社会吃都没得吃，养得多又没钱供读书，大了都找不到工作，恶性循环。

(8)不能这么轻易给落户。不能任由随便生吧?！现在中国人口这么多，好多人还是想多生。不控制不仅会资源匮乏，环境污染，而且对子孙后代也是极不负责任的事情。难道我们希望我们的孩子们都过上非洲难民的生活？更为严重的是，人的泛滥性繁殖对地球上的其他物种也是极不公平的。我们杀死那么多生灵，甚至灭绝种类，作为我们的食物，这就不残忍吗？这就不该受到谴责了吗？

(9)为什么第一胎女孩就可以生第二胎？第一胎男孩儿再生就是属于超生？

(10)我们现在做的一切是为了给大多数孩子留一点未来。为了避免饥荒、战争，为了更长久的未来。计划生育是一定要坚持的，如果中国人人都有社会责任感，都能对自己的孩子负责，对国家负责，对人类负责，都愿意自觉遵守计划生育，那么也不会出现这些问题。我觉得谴责的不该是计划生育国策本身，而应该是那些不负责任的父母。很多人多生孩子并不是为孩子未来着想。

（笔者根据新浪网友评论整理）

减头绪，收线索

落点：在户口整顿项目中，评述只关注“京籍超生人口落户”。

倾向：支持这一政策。

观点：不能把社会和家庭的责任推给无辜的孩子！应该彻底清除相关的思想观念、法律法规，还孩子一个完整的权利。

2. 加层次，丰信息

在主线清晰的基础上，笔者建议从层次和信息两方面着手丰富评述。首先，分析观点，形成层次，从不同方面评述。其次，为不同层次加入说明材料。我们仍以上述新闻为背景，举例说明。

主线

不能把社会和家庭的责任推给无辜的孩子！应该彻底清除相关的思想观念、法律法规，还孩子一个完整的权利。

加层次

(1)引出观点

(2)事件回溯

(3)分论1：应该落户的理由及无法落户的后果

(4)分论2：允许落户会不会有负面效应

(5)结尾：回应观点

加信息

材料1："父母有错、社会生病、无辜孩子受伤吃药"的现象。

材料2：北京市第六次全国人口普查将于11月1日正式启动。在这过程中还将启动户口整顿工作，京籍超生人口以及持劳改释放证、复员转业证、迁移证等未落户人群将给予落户。

材料3：没有户口，上学、就业、结婚等，处处受到掣肘。

材料4：市统计局表示，普查资料将严格保密，不用于普查以外的目的。对泄露或向他人提供普查对象资料的行为，依法追究法律责任。

材料5：部门打架甚至部门法律打架的事情在中国并不少见，此部门的"不追究"，到了彼部门，就可能成为"引蛇出洞"的工具。

材料6：父母流动到非户籍所在地打工，孩子无处上学无法高考。

详细评论

像这样"父母有错、社会生病、无辜孩子受伤吃药"的现象，岂止是超生孩子不能落户一项？再不能把社会和家庭的责任推给无辜的孩子了，这是大人世界无能的表现。

北京市第六次全国人口普查将于11月1日正式启动。在这过程中还将启动户口整顿工作，京籍超生人口以及持劳改释放证、复员转业证、迁移证等未落户人群将给予落户。

超生子女不能落户的问题一直是一个畸形社会问题，明明是父母违反了计划生育政策，责任和后果却要由孩子来承担。而且，这样的后果往往是终生性的，没有户口，上学、就业、结婚等，处处受到掣肘。

所以，当我们听到京籍超生人口将在人口普查中得以落户的消息，真是五味俱全、百感交集，不知道该悲，还是喜？难道说，无辜的儿童，他们的权利需要在几年一次的人口普查中才能回归，而不是应该无条件地上户口？

还有，人们免不了要担心，普查数据会不会成为有关行政部门进行超生处罚的依据？虽然市统计局表示，普查资料将严格保密，不用于普查以外的目的。对泄露或向他人提供普查对象资料的行为，依法追究法律责任。但这是对个人而言呢，还是对不同的政府部门而言？

人们都知道，部门打架甚至部门法律打架的事情在中国并不少见，此部门的"不追究"，到了彼部门，就可能成为"引蛇出洞"的工具。他们可以援引有利于部门利益的不同法律，对超生对象征收巨额"社会抚养费"，直接影响到家庭对孩子的培养能力，伤害的还是孩子及其家庭。

像这样"父母有错(甚至很多时候父母没有任何错误)、社会生病、无辜孩子受伤吃药"的现象，岂止是超生孩子不能落户一项？比如父母流动到非户籍所在地打工，孩子无处上学、无法高考等。

再不能把社会和家庭的责任推给无辜的孩子了，这是我们大人世界无能的表现。应该彻底清除相关的思想观念、法律法规，还孩子一个完整的权利。

(《新京报》2010 年 6 月 11 日，作者童大焕)

示例分析：综上所述，结构思路是即兴评述的重要环节，其基本思路是"提纲挈领"而非"写好再背"。结构思路可以通过"减头绪，收线索；加层次，丰信息"的加减策略实现。

习题 35　利用加减原则，以下述材料为背景结构思路。

78 岁的徐老太被两个亲生儿子陶大、陶二(均为化名)告上法庭，要求降低支付给老人的赡养费。昨天下午，由于徐老太双腿残疾行动不便，怀柔法院庙城法庭将法庭搬到了老人居住的位于密云县十里堡的敬老院内。

"我认为我们不应该再继续给付 350 元每月的赡养费"，陶大首先说出了起诉的原因。他认为在徐老太到敬老院后，已经不需要再为她请保姆，因此赡养费应该相应地下调为 137.5 元。"没错"，陶二对大哥的说法表示支持，他说目前徐老太每月享受国家给的 200 元补贴，而敬老院每月的费用是 750 元，这样算下来，4 个孩子只需要每人给 137.5 元就够支付徐老太的养老费。

徐老太的耳朵不好使。小儿子陶四(化名)作为母亲的代理人帮她陈述。陶四站在母亲一头，他向法官表示，由于徐老太曾在 2007 年摔伤了双腿，目前仍然行动不便，需要用药。因此除去敬老院费用外，四个孩子还应该平摊母亲的医疗费，而实际上这笔钱一直是他独自在为母亲支付。

昨天，法官当庭口头宣判驳回了两个儿子的起诉，理由是 350 元每月的赡养费并未超过他们的支付能力并可以满足老人的需要。

宣判后，陶二甩下几句骂词便骑车扬长而去，陶大则骂起了母亲徐老太，老人不禁当庭流泪。

（《京华时报》2010 年 6 月 13 日，作者孙思娅）

提示：陶大和陶二将近八旬的老母告上法庭，目的是减少每月赡养费。和亲生母亲如此斤斤计较，实在可笑、可恶、可怜。当庭辱骂亲生母亲，这无疑暴露了他们孝心无存的冷漠和绝情。练习时，在抓住事实的基础上，可以从“孝”字入手，展开结构。

习题 36　利用加减原则，以下述材料为背景结构思路。

“逃离北上广”是近来职场人的热门话题。人力资源服务商“前程无忧”近日在其招聘网站上所做的一项调查显示，目前在北京、上海、广州等一线城市工作的公司白领中，有近六成表示有离开这些城市的打算。

到底是哪些人想离开一线城市？这项调查发现，59％的白领有离开的打算，另有11％的白领已经有离开的行动。从性别特征上来看，有离开打算的男性比例要高于女性。调查还显示，是否离开，与生活或工作在一线城市的时间长短有着极大关系，公司白领工作生活在一线城市的时间越长，想要离开的愿望就越强烈。

调查显示，白领选择离开一线城市的主要原因包括：这个城市难以融入、房价太高、消费水平高、工作压力大及竞争激烈。

（《新华网》2010 年 6 月 13 日，作者赵超）

提示：材料反映了一个现象，因为“这个城市难以融入、房价太高、消费水平高、工作压力大及竞争激烈”，一线城市的白领不但有“逃离”的愿望，而且有逃离的行动。对于这些一线城市的白领来讲，为什么“生活在别处”？为什么他们所提到的各方面的压力会这么大？笔者建议，不妨以“我们需要什么样的生活”为中心，展开结构，统帅材料。

习题 37　利用加减原则，以下述材料为背景结构思路。

自从上世纪 50 年代《鲁提辖拳打镇关西》选入初中语文课本以来，这篇文章已经成为几十年不变的保留篇目。近日，首都师范大学文学院教授侯会在文章里称，这篇课文的核心是描写一个杀人场面，“尽管血淋淋的内容被生动的比喻、花团锦簇的文字所掩饰，但丝毫不能改变一个生命当场殒灭的残酷现实。”他认为，“就《鲁提辖》《林教头》《武行者》这几篇而言，还是从中学语文教材中拿掉为好。”

侯会的建议招致了反对。北师大二附中高级语文教师徐美菊说，这篇文章赞颂的是正义感和好打抱不平的精神，没有暴力一说，侯会的说法有点小题大做。“这关键在于老师的引导，说会有暴力倾向，我觉得这是可笑的。如果这个叫暴力，那什么都不用讲了，从任何文章里去发掘，都能发现一些不正常的东西”。

（《新京报》2010 年 6 月 3 日，作者姜妍、曾霞）

提示:材料提供了两种不同的观点。构思时,不妨先结合自己学习《鲁提辖拳打镇关西》的体会,确立观点,然后展开结构。

第四节　语言组织

语言组织是即兴评述的关键。评述时,口语是表情达意的主要手段。那么,评述口语有哪些基本要求?评述中常见的问题有哪些?如何展开语言组织的训练?本节我们通过回答以上问题,要求大家更好地认识和把握语言组织与表达。

一、评述口语的基本要求

1. 准确

准确是评述口语的第一要求。这是指从语词、字句到整个篇章都较为贴切地反映事物的原貌。有的评述字字句句都"踩在点上",感动人心,令人难忘。而有的评述却"以其昏昏,使人昭昭"。总之,准确要求用词具体,语法规范,确保语言与事物之间的对应关系。

2. 分寸

评述时,应尽量避免上纲上线,情绪冲动,语气过重。尤其在评述负面新闻时,不可刻薄。有的人说话好用"最、特别、绝对、唯一"等词语,不顾事实,显得极端。

3. 完整

评述要有头有尾,所提各要点在阐述中不可漏失。

4. 可控

可控包括两层意思:(1)说话者在用自己掌握的语词,尤其在使用一些概念时,要先了解其内涵。(2)说话者能根据现场需要调整语言,能够适应交流中出现的不确定因素。

5. 简洁

语言组织应简明扼要,不必为说而说。

6. 流畅

说话时,应尽量避免不必要的隔断、置换、重复等情况。当然,偶尔出现的迟疑和磕巴,是说话过程中调整思路和语言的正常表现,不能矫枉过正。

二、语言组织常见问题辨析

1. 表达混乱

有的评述的过程就是"补缺"的过程——这一点没说完,又惦记该说下一点了;这一点说完了,又觉得没说全,要再补两句,整个过程凌乱不堪。笔者以为,这个问题看似与

"说"有关,其实症结在思维。语言组织和表达的过程中,说得乱反映了思路混乱,需要加强集中思维,改善条理性。

2. **信息重复**

信息重复是指在一次评述中,说话者在不同的段落和层次重复提供信息,翻来覆去说"车轱辘话"。改善信息重复问题,首先要加强平时积累,储备说话内容;其次要养成分层分级思考的习惯,打开思路,避免"反正就是这样"、"总之就是这样"的笼统表述。

3. **语义误差**

语义误差是指语言与所评述的事物之间存在较为明显的不对应情况,包括了(1)夸大:对具体事物提升过度;(2)以偏概全:不顾整体,局限于细节;(3)错误:价值判断失当,用词很不得体。

改善语义误差问题首先要从思维方式上进行调整,力求完整准确地理解事物,以保证整体上不出现偏误。其次要提高语言素养,力求语言准确、对应。

4. **语流不畅**

这是指评述的过程中,充斥的不必要的停顿、回溯的行为,令整个语流显得磕磕巴巴。它既影响说话者的情绪状态,也妨碍听话者的理解。语流不畅问题需从两方面查找原因:(1)内容层面。大多数人出现语流不畅问题,根本原因在于准备不充分,思路不完整。这就需要从素材积累和思辨能力方面着手改进。(2)表达层面。缺少评述经验,平时发言就爱磕巴。这就需要通过强化练习调整表达习惯。平时练习时,做好充分准备,尽量一口气连贯地把准备的内容说完,尤其要注意开头第一句话的表达。

5. **语态失当**

语态是指语言的态势,通俗而言就是说话的样子。语态失当包括了各种原因导致的语态慌张、语态局促、语态冲撞、语言萎靡等现象。以语态局促为例,有的人临场状态消极,什么都不想说,什么都不敢说,好像总怕说错什么——总爱加上"不过,这也未必……",令人琢磨不透他的语言目的。以语态冲撞为例,有的人在表达态度时,情绪激动,语调过于高亢,口吻显得冲撞,看上去一副吵架的样子。语态失当令说话者显得没有亲和力,影响听话者的注意力和兴趣。矫正语态失当重在调整心态,明确说话者的身份和语言目的。说话时,我们要将注意力更多地放在内容上,成竹在胸,提升信心;同时,加强日常训练,学习从容地说话。

6. **心口不一**

心口不一是指内心所想和口头所说不一致,造成"词不达意"、"言不尽意"。究其原因,不外乎以下几方面:(1)错把感觉当思路。说话者只是对评述内容"很有感觉",是观念上的趋向,并没有形成清晰的观点和层次。一旦开头,语言自然"踩不到点上"。(2)受日常不良语言习惯影响。平时不注意培养个人语言素养,写作堆砌套话大话、滥词俗语,平时说话爱用嬉笑打骂时用的"小团体语言",以至于正式场合不知如何表达。

笔者建议从以下方面改进心口不一问题：(1)将观念上的趋向落实于语言，形成清晰的观点和层次。(2)注重培养语言感受能力，阅读时要品味作者的用词和章法，写作时要注意"炼字"、"炼意"。经常从词语联想到生活中的事物及其特点，那么，想到事物时，自然也能联想到对应的词语。

三、口头叙述（一）：简述

简述是指基于评述的需要，三言两语提及事实关键细节或引用他人观点，以明确事情原貌，说明舆论情况。简述反映了说话者看待事实和舆论的态度，看重哪些细节，有利于帮助受众建立理解的事实背景。简述要注意以下方面：

1. **明确评述需要**

简述绝不是"稿子怎么说我就怎么说"，也不是想说什么就说什么，而受制于评述的需要。根据评述需要简述，有利于理清头绪，"踩准点"。

也许央视"丑男"主持的声名鹊起，给地方电视台吃了定心丸。记得很多年前偶遇一记者同行，他指着旁边一位丑男说：这是我们新上栏目的主持人。当时很是不解：长这样也能上电视？那位新科主持倒颇有自知之明，接茬儿说：咱可能不是最好的，但肯定是最丑的。几年下来，打开电视，遥控器一路按下来，男主持一个比一个丑，那位已经算很养眼了。

（《齐鲁晚报》2010 年 6 月 9 日）

示例分析：该段落的评述落点在"从央视到地方台，丑男主持生生不息"。因此，作者提供的个人遭遇和收视经历，皆关乎"男主持的丑"。作者在遭遇这位"丑男"的经历中，想必还有别的细节，收视经历更是纷繁复杂，但评述时只需提供与评述有关的内容即可。

2. **抓准关键细节**

抓准细节，反映整体概貌，凸显简述的"概要"特征。

"感谢时代"是这次"电视节目主持人 30 年年度风云人物"获奖主持人致词中出现频率最高的短语。如同曹可凡对此语的调侃："感谢这个时代的宽容，以至于我和白岩松、李咏这样长相的人，能够走到台前当主持人。"应该说，崔永元、李咏等一些长相平平，主持风格凸显的男主持的异军突起，使电视主持人有了巨大的突破，他们的主持风格或幽默、或亲民、或睿智，拉近了与观众之间的距离。

（《齐鲁晚报》2010 年 6 月 9 日）

示例分析：这一段落无疑说明了电视节目主持人与时代的关系。为了落实这一要旨，作者抓住了现场两个关键细节：(1)感谢时代是获奖主持人口中的高频词汇；(2)曹可凡的调侃。

3. **三言两语概括**

语言简约，三言两语即可，反映简述的"简单"特征。

《观察与思考》的主持人是个啥样，已经不记得了。如果把《观察与思考》的主持人算作第一代的话，以赵忠祥、倪萍为代表的一批央视名嘴可以算作第二代主持人了。印象最深的是倪萍，作为一位漂亮的演员，倪萍主持的《综艺大观》让人耳目一新，她凭借亲切自然的主持风格，很快就成为当年最受欢迎的女主持人。从 1991 年起倪萍坐镇春晚十余年。而以赵忠祥为代表的男主持人，字正腔圆、样貌端正，延续着人们心目中电视主持人的标准形像。

（《齐鲁晚报》2010 年 6 月 9 日）

示例分析：倪萍十多年的主持生涯，可圈可点的地方很多，但作者对其栏目、主持风格、影响力、时间等方面点到为止，寥寥几笔。从评述整体而言，恰到好处。若出于喜爱，就洋洋洒洒地介绍她，那“倪萍”岂不喧宾夺主？

习题 38　根据以下材料，准备 1 分钟，脱稿简述，要求简要反映事实原貌。

6 月 8 日，湖南省江永县一中高考考点视频监控人员和监考教师发现，该县教育局局长毛华东违反回避制度，违规进入其子所在的考室，并涉嫌协助其子考试作弊。考点立即将情况逐级上报，江永县委、县政府迅速责成县纪委立案调查。13 日上午，江永县委常委会议决定，对毛华东进行停职检查。当日，湖南省纪委、省监察厅、省纠风办、省教育厅等部门联合成立调查组，到永州市展开调查，并责成市、县两级成立专案组。目前，此案正在深入调查中，案件查清后，有关部门将对涉案人员依法严肃处理。

（红网 2010 年 6 月 13 日）

习题 39　阅读以下材料，回答问题。

日前，在各大网站流传一段《贫困大学生无奈火烧毕业证书》的视频。视频的主人公声称自己大学毕业 5 年了，曾摆过地摊、烤过肉串、当过代课教师、睡过广州的天桥底。现在依然无数次地被各大公司拒之门外，一怒之下，烧了这个看似有含金量，却没有为他带来任何好处的毕业证。

大学生就业难已经成为一个普遍的问题。记者了解到，在现状面前，有部分同学不得不放下身段，去和“民工”抢饭碗。到底，大学生能不能当“民工”？如果暂时当了“民工”，又该如何踏出职业第二步？

前程无忧网近日做的“大学生无奈下是否愿意做高薪民工”的调查显示：有 60%的学生愿意接受，21%的同学认为可以考虑，仅有 19%的同学因为转行难、受歧视等原因选择“不干”。有网友在论坛上：别说 4000 元，现在谁给我 1500 元，只要包吃包住，我立马去。记者在采访中了解到，愿意当民工的基本上都是来自农村的大学生，因为家里经济条件差，他们一毕业就要承担起养家的责任。残酷的现实不允许他们怀揣充足银子继续寻找满意的工作，在多次求职不果的情况下，他们只得把目光投向最基层的“民工”工作。而出生于城市的大学生则对“民工”工作持有怀疑态度，他们的理由是：一旦做了这个没有任何技术含量的工作，以后转行都难，而且普通民工的工资都很低，没有必要去浪费时间。而且，如果想做“高薪民工”，就需要有一定的技术，自己根本无法胜任。此外，因为面子的问题，很多家长也不愿意让孩子去做民工的工作。

记者曾遇到这样一例：某城市男，大学毕业后一直在一家单位实习，因为这家单位一直没有招聘计划，但他还坚持着。其实，此男的家庭条件也一般，但是他深信这个实习经验远比做“民工”要划算。难道大学生做“民工”就没有前途吗？

（《大洋网—广州日报》2010 年 6 月 14 日）

问题：

(1)准备 1 分钟，脱稿简述，要求简要反映材料内容。

(2)大学生能不能当“民工”？如果当了“民工”，又该如何踏出职业第二步？准备 10～15分钟，就上述问题发表不少于 3 分钟的评述，要求评述中明确引用材料的内容不少于 2 处，引用时脱稿。

习题 40　阅读以下材料，回答问题。

主持人：各位新浪网友大家好，我们现在浙江杭州向您现场直播浙江省第 19 届国际教育博览会。我们非常荣幸邀请到本次主办方新通国际三位专家，跟我们谈谈低龄化留学生话题。我们知道本次教育博览会主题是指导留学生志愿填报，我想跟三位老师了解一组数据，目前我们低龄化的学生占整体申请人数什么样的比例？

叶晓艳：就拿去美国读高中的学生做比例，我们这几年基本上都是翻一番的增长态势。新通每年差不多有一千多个学生去留学，中间 20%—30%是研究生的比例，以前是占 40%—50%的比例都是去读本科的。从〇六年开放美国私立中学国际招生以来，现在基本上 30%—35%左右都是去美国读高中。最近的一个数据是，截止到 5 月份，我们这去美国读高中的人数已经比去年同期又翻了一番。

主持人：从〇六年开始，每年去美国读高中的人数都在增长。夏老师给我们介绍一下澳洲的情况。

夏艳辉：澳洲是很多年前开始有中学生去留学，应该来讲是比较稳定的。最近几年有一个增长的趋势，因为有不少的学生以前在那边读得非常好。另外还有一些移民到澳洲去的父母或者亲朋好友，觉得那边的教育非常适合一些孩子。澳洲中学教育公立和私立都有，私立有一些非常顶级的中学，比如说英文以非常好的测试成绩通过，就可以进入很顶级的私立学校。所以现在来讲，中学这块来讲按照每年 10%的比例增长，今年占到所有留学比重当中三成的样子。

主持人：亚洲的情况怎么样，俞灵美老师？

俞灵美：我这边除了新加坡和英国部分，可能跟美国澳洲不同的是，我们这两个国家对入学的学生年龄是有限制的。小朋友读幼稚园就可以出去，而美国和澳洲要中学才可以出去。所以我们这边小朋友就可以出去，从几年级开始到高中都可以，所以占的人数比较高一点。基本上中小学不是我们主要的留学目标群，大部分还是高中毕业的学生出去比较多，每年占到整个留学申请也是20%—30%左右。

主持人：是英国和亚洲都是四分之一左右。

俞灵美：是的，而且低龄的学生更多，原来很多家长没有关注到小学的情况，现在很多家长都问到小学的情况了。

（新浪教育 2010 年 6 月 14 日）

问题：

(1)综合以上访谈材料，请简述低龄化的学生占出国留学整体申请人数的情况。

(2)请发表 3 分钟的脱稿演讲，鼓励他人出国留学，要求明确引用材料中的内容不少于 2 处，引用时脱稿。

(3)请发表 3 分钟的脱稿演讲，说服他人放弃出国留学打算，要求明确引用材料中的内容不少于 2 处，引用时脱稿。

四、口头叙述（二）：详述

详述既可以针对事件全貌，也可以只针对某一细节。详述并不简单等于“说得很多”。与简述相同，它同样要先明确评述需要，抓准关键细节。与简述不同的是，它要对事件全貌或某一细节详细描写，凸显其特点，以求达到突出和强调的目的。通过详述有利于说话者有力地说明观点，也有利于集中听话者的注意力。除了明确评述需要外，详述练习还要注意以下方面：

1. 展开关键细节

关键细节关乎整体认识，有利于形成独特视角，有利于对整体产生突破性的认识。展开关键细节是详述训练的重要一环。

2. 语言仍需简洁

详述要照顾到事物的方方面面，以求全面细致地反映事物，但杜绝为说而说，信息重复。

习题 41 阅读以下材料，回答问题。

由中国健康教育中心与生命时报社共同组织的“中国网民戒烟状况调查”结果今天发布。本调查共有 15559 名网友参与。结果显示，49%的人仅凭毅力戒烟，寻找专业人士指导的只有 36.5%。中华医学会呼吸病学分会主任委员刘又宁教授指出，包括心理、行为以及药物在内的科学戒烟方法有助于提高戒烟的成功率，“干戒”既不轻松，又不够科学。

调查揭示了人们不能实现戒断的原因。超过 54.5%的人认为，戒烟造成的种种不适是他们失败的主因。其中超过34.5%的人认为，戒烟过程太痛苦，难以忍受；20%的人抱怨，不抽烟影响工作和生活，导致易怒和呆滞。此外，41%的受访戒烟者被环境影响复吸。

（《人民日报》2010年5月28日，作者白剑峰）

问题：

(1)快速阅读，详述材料反映的戒烟失败的原因。

(2)再读一遍，详述材料全部。

(3)准备5分钟，详述一则生活中的戒烟故事，必须包含对“戒烟造成的不适”的描述。

习题42　阅读以下材料，回答问题。

从前，有个小男孩儿，脾气很暴躁，总爱发脾气。为了改正这一习惯，他的父亲教给他一个妙招。这一妙招很奏效。小男孩儿不再随便发脾气。

问题：

(1)你认为父亲教给小男孩儿一个什么妙招？

(2)根据你的设想扩展故事，时间不少于3分钟。

习题43　阅读以下材料，回答问题。

在城市快速发展，交通压力日趋增大的今天，交通拥堵问题触动着城市发展的神经。随着驾车族日益壮大，因为开车而诱发心理问题的人越来越多，由此产生的“路怒族”更是谈“堵”色变。笔者通过采访了解到，广州的驾车族中有不少人患“路怒症”，部分司机提议实行错峰上下班制度以缓解交通拥堵问题。

“路怒族”是汽车社会的副产品。中国城市车辆的增多，使驾车引发的情绪冲突也越来越多，部分人因此患上了“路怒症”。“路怒症”表现为开车心情烦躁，容易发脾气，甚至会情绪失控。

在“堵城”广州，驾车族患“路怒症”的几率更是大之又大，这其中私家车司机更甚。“最近广州持续降雨，堵车堵得特别厉害。每天早上开车上班的这段时间真是煎熬啊”，家住海珠区的李先生如是说，“每天上下班高峰期，天河区就成了一个死角，车子夹在车流中进退两难，有时真想弃车而逃”。

林小姐也表示，一遇到堵车她的脾气就会变得很暴躁。昨天堵车时，看到一的士超车，她随即破口大骂，这让同车的同事目瞪口呆。“我平时不会这样的，不知道为什么一开车就容易发脾气，淑女形象荡然无存啊！”

针对广州这种交通状况，李先生和林小姐都提出了实行错峰上下班的制度。“现在一般的公司上下班时间都是‘朝九晚六’，这使得早上八点至九点之间的交通状况很糟糕。”李先生说，“其实可以模仿北京，错开大家的上下班时间，以避开高峰期。比如让大商场实行10点开门的制度，这就能让数以万计的商业大军不用再和上班族争夺早上9点之前的交通资源。”

林小姐表示，错峰可以往后“错”，也可以往前“错”。“我们公司的工作基本上集中在上午，我倒宁愿公司让我们八点上班，下午五点下班，这样既可以错开上班高峰期，也可以让自己早点下班休息。”

据了解，日前北京、成都、重庆、南昌、深圳等国内城市都推行了错峰上下班制度，在缓解交通压力方面也取得了一定的成效。至于广州能否跻身错峰作息的行列，就得由有关部门根据广州实际情况而定了。

（中国新闻网2010年5月13日，作者郑俊娜）

问题：

(1)快速阅读材料，详细说明什么叫“路怒症”？

(2)再读一遍材料，详述材料全部。

(3)根据材料的描写，准备10分钟，编一个不少于3分钟的“路怒族的故事”。

(4)以材料为背景，准备15分钟，发表不少于3分钟的评述，要求明确引用材料不少于2处。

五、口头叙述（三）：综述

即兴评述一般只提供话题或一则材料。为了增加说服力，说话者需增加其他相关材料。综述是指在观点明确又拥有多则材料的情况下，恰当地建立材料与材料之间、材料与观点之间的关系，以求综合使用材料。相对于叙述一则材料的不同细节，综述主要表现为叙述不同材料的相似相关细节。综述应注意以下方面：

1. 发掘材料共性，抓取相关细节

这一过程，不能盲目进行，要从观点出发。明确观点，才能统帅材料，抓准细节。

2. 重新组织语言，糅合不同材料

忠实于材料，但不必拘泥于原文，可根据需要重新组织语言，以求连贯顺畅。

综述示例：

自民国以降，西湖环湖土地和空间资源不断被权贵和权势机关侵占。（材料1）1970年代前期和1990年代前期，当时的杭州市府曾两次组织“拆墙还湖”和“拆违还湖”，终因既得利益团体百般阻挠而成效有限。（材料2）时至2002年，鉴于民智已“高度开化”，有关方面巧借“民意”，高举高打“还湖于民”和建设“大众西湖”两杆大旗，经历数年艰辛，耗数十亿，好不容易将环湖各类“违章建筑”基本拆除，初步形成了“三面半通透”的环湖自然景观绿化带，并对环湖主要历史建筑，名人故居及亭台楼阁修葺一新，还顺势实现了酝酿多年而始终难以下刀的“西湖西进”计划，使西湖初步恢复到300年前的模样。就此，杭州市民兴高采烈，赞许之声不绝于耳，海内外舆论感慨、赞誉有加。

今天，(材料 3)当人们为新华社《还湖于民？还湖于权贵？》一文所揭露的触目惊心的现象而愤怒时，我们还不得不指出，(材料 4)有关方面对西湖再次面临变相权贵化的倾向心存警惕，特意在"还湖于民"尚未告一段落前，组建政府属性的西湖风景名胜区管委会，全权负责对西湖文化景观的管理、保护和行政执法。就此，杭州市府心里仍不踏实，(材料 5)又于 2008 年 11 月颁行《杭州西湖文化景观保护管理办法》(简称"管理办法")共二十五条 17 款。

(《东方早报》2010 年 6 月 11 日，作者鲁宁)

示例分析：作者列举了大量事实，在综述的过程中很好地糅合了材料，说明了"还湖于民"的反复过程，为论证"西湖权贵化是名胜私有化的缩影"这一观点提供了扎实的事实基础。

习题 44　阅读材料，综述以下事实。

- 北京团市委、北京青年压力管理服务中心本月 23 日联合发布 2010 年大学生就业压力调查报告。调查显示，在专科学历和本科学历人群中，接受零月薪的人数比例相对较高，分别为 18.5%和 20%，而去年本科生接受零月薪的人数仅为 1.2%。同时，硕士和博士学历的被调查者中也有一成以上的人明确表示接受零月薪。接受零月薪时限最短为 1 个月，最长可达半年。
- 云南师范大学文理学院教育学专业的大四男生杨超表示会接受"零月薪"就业，不过有个前提——能够让自己留下来或是有更好的发展空间。
- 刘涵(化名)从云南师范大学商学院毕业后，在某报社做没有任何待遇的实习生，希望通过努力能留下。3 个月过后，刘涵仍然没有机会转正，而银行卡上的余额开始不够支付一个月 350 元的房租和日常开支。直到第五个月临近春节了，远在东北老家的父母催其回家，她才狠下心离开。回家过完春节后，刘涵成功在老家找到一份教师工作。事后她才知道，她当初就属于典型的"零月薪"就业，那 5 个月反而让家里倒贴上千元。
- 牛金兰去年从兰州工业高等专科学校毕业时，正是经济不景气的时候。当年 5 月，她和 6 名同学一起来到南特数码科技公司，开始了为期 3 个月的实习。3 个月以后，她幸运地留在了该企业工作，之后被调往南特数码旗下的兰州工联高新技术公司。
- 小赵是某媒体记者，每年都带实习生。她感叹说：有些实习生非常随意，有时没有请假就擅离岗位。本来实习期为 3 个月，但一些毕业生往往工作连一个月都不到就走人了。部分实习生腿不勤手不快、采访不及时，稿件质量不高。
- 某企业人力资源部一位负责人在接受采访时说，不少来他们企业见习或者实习的毕业生不愿从事企业需要的一线销售工作，而只愿进入公司管理部门工作。

- 法律界人士表示，大学毕业生只要与用人单位签订劳动合同，形成劳动关系，即使承诺“零月薪”，用人单位也应该支付不低于680元最低工资标准的劳动报酬，并为其购买五险，否则就违反《劳动法》的相关规定，属于违法用工。如果用人单位不签订劳动合同，也违反相关法律规定。

（《科技日报》2010年6月11日）

- 广州某建筑防水补强公司总经理马先生坦言，他们给大学生的起薪是2000元，而聘请农民工的工资一般为1800到3000元。对大学生和农民工的待遇是“一视同仁”的，比如各类课程培训他们都可以参加。
- 广州一位建筑公司人力部门负责人曾做过统计：传统的技术行业，要培养一个熟手的应届毕业生，至少要花费工资3倍到5倍的费用。据悉，一些高新技术行业，这笔费用可能达到10倍到20倍。

（《羊城晚报》2010年3月17日）

- 在中国南方人才市场的招聘专场，现场投递简历的大学生小李告诉记者：“这里一百多家企业几乎全部都要求招有工作经验的，像我们这样的应届毕业生，人家根本连简历都不接”。

（中国新闻网2010年2月26日）

- 晓鹏（男，28岁，某家电售后经理）自述：我是学计算机的，2006年大学一毕业就失业了。后来，我揣着2000元来到广州。两周后，一个远房亲戚推荐“售后服务”的工作给我，我满怀信心地去报到，结果发现这份工作其实就是骑着自行车满大街地去修理电器。经过激烈的思想斗争，我还是接受了这份“民工”工作。每天早晨，我背着沉重的修理包，穿梭在大街小巷。因为踏实、愿吃苦，又有大学文凭，一年后，我顺利应聘到该电器的其他区的售后经理，工资也翻倍增长。三年过去了，我继续坚守岗位，职位是大区总经理，回过头来看看，我很感谢当初那些受苦的日子。
- 茵茵（女，27岁，家教保姆）自述：我从师范学校毕业半年，都没有找到一所公立的学校，几经周折，最后去了一所私立小学教英语，工资很低，压力却不小，常常还有招生任务。后来，听说市场上比较流行“高级保姆”，有一定文化，能照顾小孩的生活。我顺利应聘。这家户主是做生意的，很忙，家里有个两岁的小孩，他们希望我能照顾好孩子的饮食起居，并教给孩子一些知识。到现在为止，我做这份工作有半年了，工资是以前的两倍，我也比较满意现状。当然，“高级保姆”并不是我最终的选择，有合适的机会我还是会选择做一名真正的老师。

（《大洋网—广州日报》2010年6月14日）

习题 45 阅读材料，综述以下观点

最近不断有游客和市民向记者反映，杭州西湖景区环湖一带有许多名胜故居“可望而不可进”，一些绝版风景的场所摇身成了高档“会所”。一些群众对环湖沿线做过初步调查，环湖沿线已有近 50 家各式各样的私人高档会所。市民认为，“会所”大量出现，等于剥夺了大众的游览权利，这是与民争利。

（新华网 2010 年 6 月 9 日）

主要观点：

- 这种侵占公共资源炫耀消费的癖好，不仅暴露了富人的霸道和无德，更透露出他们骨子里的那种病态。
- 这么肆无忌惮地圈占西湖，为何政府至今不出手遏制还西湖于公众呢？毋庸讳言，政府也许已深陷于这种西湖私有化的利益之中。首先，可能是管理部门的市场化经营思路催生了这种私有化。这从西湖管委员的话中能看出一点端倪，该部门官员说：对景区建筑物和旧居的保护过去都是靠政府，但政府心有余力不足，现在一般采取招商洽谈以租用方式进行保护——这显然为西湖私有化埋下了制度隐患。那么高的价钱将景区建筑租给私人，私有化已成必然，政府也失去了监管的底气和动力。

（黄河新闻网 2010 年 6 月 10 日，作者曹林）

- 在国人普遍建立起产权捍卫意识的今天，我们有理由理直气壮地呐喊：西湖属于中国和世界，是祖先留给中华民族不可复制的珍贵历史文化和风景名胜遗产，它的产权归属全国人民共同享有，凭什么不断被权贵们蚕食和独享?!
- 恕我们直言，西湖权贵化只是全国风景名胜变相私有化之缩影。众所周知，从江西庐山到云南大理，从龙门石窟到承德避暑山庄……权贵们圈地建别墅、占楼开会所早已到了肆无忌惮之地步。

（《东方早报》2010 年 6 月 11 日，作者鲁宁）

- 真正意义上的“大众西湖”，应该是弥合贫富差距的减压阀——尽管你可能什么都没有，但你至少还有西湖。可是现在，“大众西湖”与“富人天堂”，就这样非常不协调地杂糅一处。
- 西湖作为公共景区，它的每一寸岸线、每一块绿地、每一处设施、每一处景观，都是公共资源，都应为全体公众所有，权贵与公众争湖争绿不应该被容忍。因政府对景区建筑物和旧居保护“心有余力不足”，从而剥夺公众参观游览的权利，是说不过去的。且不说政府实际财力如何，也不说向公众开放能够增加的旅游效益，单说花费纳税人巨资投入“大众西湖”改造，却在改造后租予权贵使用，就完全违背了纳税人意愿和公共财政正义。

（《珠江晚报》2010 年 6 月 11 日，作者舒圣祥）

- 在这个问题上，不能算经济账，而是要算政治账和民生账。我上面说过，西湖的日趋权贵化与当地政府倾力打造的大众西湖目标背道而驰，会所风劲刮的后果是直接危及政府形象。而本来这些地方是可以随便出入的，游客走累了可以进去坐一坐、聊一聊、赏赏景、品品茶。成了会所后有的就要加收每人5元的门票，如要去包厢消费，则需交每位600元的最低消费，这不是直接损害民生利益吗？这还不算会所暗藏的三大弊病，即侵占公共资源、奢靡消费、助长腐败，给整个西湖形象带来的负面影响。
- 西湖不是富人的西湖，也不仅是杭州人的西湖，而是全民所有的西湖。富人的志趣应该尊重，但不能因为迎合富人的志趣损害了大众的利益，更不能因为眼热一点租金做出有损政府和西湖形象的事。

（《中国青年报》2010年6月11日，作者王学进）

六、口头议论（一）：确定观点

确定观点是指结合话题和材料，明确态度和倾向，并明确用句子表示观点。确定观点需注意以下方面：

1. 从材料出发，观点须覆盖材料

观点不可“想怎么判断就怎么判断”，必须注意材料的限制。观点是对材料的总体判断，不可以偏概全。

2. 观点有价值，注意把握争议性

一方面，要尽可能创新视角，提升观点的交流价值。另一方面，不可为“新奇而新奇”，注意说话的语境，尤其面对有争议的内容，要把握好度。

3. 观点要具体，必须落实于语言

观点绝不是“好像如何如何”，不再停留于感觉阶段，要用语言将其固定下来，以便于思考和表达。

示例：话题：“黔驴技穷”错在谁？

观点1：“黔驴技穷”，错在好事者。

观点2：“黔驴技穷”，似“驴”之人应该自责。

习题46　结合下列材料，对于“大学生在宿舍养宠物”的现象，你持什么观点？

笔者近来走访广东各大高校，发现很多大学生都在自己的宿舍养起宠物来，有仓鼠、乌龟、蜥蜴、龙猫等。大学生养宠物的理由很多，有人表示：养宠物是爱心爆满的表现，而且寂寞的时候也有个伴，不会孤单。

（中国新闻网2010年5月27日）

习题 47　结合下列材料，对于"留守儿童大量存在心理卫生问题"的现象，你持什么观点？

昨天，全国妇联、全国心系好儿童系列活动组委会首次发布《农村留守儿童家庭教育活动调查分析报告》。调查数据显示，32.9%的家长每天会和孩子联系一次，39.8%的家长每周会和孩子联系一次，21.1%的家长一个月才会和孩子联系一次，4.9%的家长每年才联系一次，1.3%的家长甚至与孩子没有联系。

调查中，有 45.1%的留守儿童认为父母不在身边对自己产生的最大影响是"感到心里孤单"，对学习的影响次之。调查中有 26.9%的孩子认为父母不在身边导致自己"学习没人指导监督"。对生活上的影响排在第三位，15.4%的孩子表示父母不在身边，自己的"生活没人照顾"。因长期缺少父母的关爱和呵护，留守儿童们存在严重的"亲情饥渴"现象。在调查中，相当多的孩子最想对父母说"爸爸妈妈，我好想你们"。

相关研究表明，32.2%的留守儿童有心理卫生问题，父母双方外出打工的中学生心理卫生问题检出率 36.6%，父母单方外出打工的检出率为 28.2%，这些心理方面的问题主要表现为内向、孤僻、缺乏自信等。

（《京华时报》2010 年 5 月 26 日，作者陈荞）

习题 48　结合下列材料，对于"五旬老伯扮嫩逗母开心"的做法，你持什么观点？

朱光碧，93 岁，多年来，53 岁的幺儿王世清一直陪伴在她身边。随着年事增高，朱光碧患了胆结石、肺病、糖尿病、心脏病等。为给母亲治病，靠低保维持生计的王世清省吃俭用，常给母亲买上百元一盒的药。母亲每年至少要住三次院，每次，王世清全程护理，直到母亲康复。母亲有抽草烟的习惯，王世清就连续一周吃稀饭，省钱给母亲买烟。每天早晚，王世清扶着母亲在院子里散步，天天给母亲读报，画漫画让母亲"审读"。

为逗母亲开心，王世清故意在母亲面前扮嫩。有时，他故意刮母亲的鼻子，母亲一"生气"，就挥手打他，他不躲不闪，反把屁股撅起让母亲打，逗得母亲开心大笑。遇到母亲心情不好时，王世清就故意扮鬼脸，做出一副调皮的样子，让母亲忍俊不禁。"都说老还小，只要多逗逗，母亲就很开心。"王世清说，这些年，为了母亲，自己越来越像小孩了。"虽然放弃了很多外出发展的机会，但只要把母亲照顾好了，同样有成就感。"

邻居张玉仙、弛世莲等说起王世清对母亲的照顾，赞不绝口："他喝汤都要和母亲干杯，把老人逗得乐呵呵的，母子都像老顽童"。

（《华龙网—重庆晚报》2010 年 5 月 28 日，作者向军）

七、口头议论（二）：分层议论

分层议论是在确定观点的前提下，分析材料，展开观点，具体处理论点、论据和论证的过程。这一过程需注意：

1. **结合材料获得分论点**

我们仍以"'黔驴技穷'错在谁"为例，结合话题暗藏的成语故事本身及生活经验，分析上文确定的两个观点：

观点1："黔驴技穷"错在好事者。

(1)结合成语故事，说明错在好事者。

驴入黔境，并非其本意，实际上是"好事者"的一意孤行。如果好事者不是让其去斗虎，而是让它去拉磨、推车，驴恐怕不会落入"技穷"的困境。

(2)根据成语故事，进一步说明驴值得同情。

驴与老虎相斗并非其本意，被迫应付自己无法应付也本不该自己应付的局面而导致悲剧，不但不应受到嘲笑，而且值得同情。

(3)根据生活实际引申，说明用人要择其长，适其位。

"尺有所短，寸有所长"，现实生活中，当权者用人要择其长，适其位，不能犯好事者的错误。

(4)结尾

"黔驴技穷"错在好事者，放在成语故事的语境中如此，放在实际生活中亦然。

观点2："黔驴技穷"，似"驴"之人应该自责。

(1)引子

仅就这个成语来看，错不在驴，因为驴的确是被动的。但是，如果以此比喻现实生活，那还应该客观地认识到人不是驴。

(2)正面说明：个人应学会拒绝。

如果真有好事者，当事人不但应该看到好事者的责任，更应该学会适时拒绝。

(3)反面说明：不懂拒绝，代价太大。

如果不懂拒绝，陷入困境后又责怪他人与环境，那就代价太大，可怜又可气。

(4)结尾

生活中，面对"黔驴技穷"的恶果，"似驴之人"自己难逃其咎。

2. **结合分论点使用论据**

确定论据在议论时的位置，以保证论据和分论点形成呼应，增强解释力和说服力。我们以"小孩破茧助蚕"的故事为例，注意学习如何根据已经确定的观点，展开层次，使用论据。

一天，一个小孩看到蚕在破茧，觉得很有意思。他每天都来观察，每天蚕都会有进展。被咬破的茧的口子一天天在扩大。几天后，小孩失去了耐心，也感到蚕太吃力了。于是，他找来一把剪刀，把它从这个茧壳里解放了出来。结果，这个蛾一直没有飞起来。从这个故事，你想到了什么？

观点

这个故事使我想到了当下的家庭教育。在孩子的成长过程中，家长要有耐心，容得孩子犯一些小错，能给孩子以充分的成长空间。

分论点

(1)培养孩子，家长要有耐心。

论据一：材料中，小孩对蚕失去了耐心。

论据二：生活中，不少家长对孩子成长缺乏耐心。如果孩子三岁才会背唐诗，就认为落人后头了；如果孩子五岁还没有上奥数班，就怀疑智力发育太慢！家长对于孩子缓慢的成长过程感到急不可耐，教育和培养总是笼罩在焦虑和急躁的气氛中。结果导致孩子学什么都难有兴趣。

(2)在孩子的成长过程中，家长不能“过度代劳”。

论据一：材料中，小孩拿起剪刀为蚕代劳。

论据二：生活中，许多家长总是为孩子代劳，家务全包不说，还代为值日，代为完成手工作业等等。家长代劳的结果是，家长越走越远，孩子却停滞在起点。

(3)出现以上现象的原因在于，家长以自己的期望要求孩子成长的速度，因为关爱而无节制地介入。

论据一：材料中，小孩介入的心理分析。

论据二：许多家长习惯给孩子“盯梢式”的关爱，拿显微镜、放大镜、望远镜，甚至像卫星定位导航仪那样观察孩子，目的是要像实验室培植一样，要无差错育儿。

(4)结尾：回溯观点。

习题 49　阅读下面这则故事，回答问题。

从前，有个叫叶子高的人很喜欢龙，衣服上的带钩刻着龙，酒壶、酒杯上刻着龙，房檐屋栋上雕刻着龙的花纹图案。他这样爱龙成癖，被天上的真龙知道后，便从天上来到了叶公家里。龙头搭在窗台上探望，龙尾伸进了大厅。叶公一看是真龙，吓得转身就跑，好像掉了魂似的，脸色骤变，简直不能控制自己。

(1)以“叶公好龙，万万不可”为题，确定观点，分层论述。

(2)以“叶公好龙，有何不可”为题，确定观点，分层论述。

习题 50　以“滥竽充数新说”为话题，确定观点，分层论述。

齐宣王让人吹竽，一定要三百人一起吹。南郭先生请求为齐宣王演奏，宣王很高兴，官府给他的待遇和那几百人一样。齐宣王死后，他的儿子继位。他喜欢一个一个地听独奏，南郭先生只好逃走了。

习题 51　结合以下材料，确定观点，分层论述。

未来学大师托夫勒的又一个预言被现实所验证了。30 年前，他曾断言，中性风潮将蔓延全世界，人们对性别的传统预期会不断模糊。30年后，在“男权国家”日本，突然出现了“爱裙族”男人；在同样传统的韩国，男士手提包里开始装进了护肤霜和小镜子；在中国，某选秀节目一夜间捧红了一个“伪娘”男生；在英国，为追求杨柳细腰而患上厌食症的男性甚至赶超女性。如此大胆颠覆传统审美观念的潮流，激起了人们心中的五味杂陈。客观者说，现代社会的精致生活，越来越不强调男女两性的差异，男人“女性化”很自然；愤怒者称，不男不女，恐将“亡国”！而无奈者只有感叹：这个世界，真是越来越让人看不懂了。

（《环球时报》2010年5月30日，作者纪双城）

八、口头表态

即兴评述的过程必然伴有态度情感的传递。俗话说，“听话听音，锣鼓听声”。同样一句话，不同的人去说，会让人有不同的感受。即兴评述时如何把握态度和情感，关系到评述的质量。口头表态要得体，需注意以下方面：

1. 拿捏分寸

表达态度时，要注意分寸的把握。拿捏分寸，关键在于“情动于衷，恰切表露”。(1)拿到材料后，不可抱着无所谓的态度，事不关己高高挂起。(2)不是有感而发的“评述表演”不可取。态度情感应源自内心真诚的感受，不宜“表演情感”。自己都不动心，又如何让别人有感受呢？(3)明确评述的目的，拿捏态度情感的分寸才有依据。评述不是为了自娱自乐，而是为了交流思想和情感，引起人们的注意、思考和改变。比如，评述负面新闻目的不单在于鞭挞和批评，更是为了引导和建设。这时，评述应杜绝“骂”的语气，慎用“批”的语气，多用“劝”的语气，避免变“批评”为“批斗”的过激表现。

2. 找准落点

即兴评述除了充实内容，组织语言外，同样要讲究口语表达的技巧。找准落点是在明确基调的前提下，找准最能体现态度情感的地方，明确态度，烘托情感，增强评述的感染力，使听话者产生共鸣。这里需要强调的是：(1)明确态度情感的基调是找准落点的前提。(2)区分主次，在口头表达中表现出重点。

3. 注意修饰

即兴评述时，扎实的内容还需要恰切的表现形式。注意修饰指注意吐字归音、体态表情等方面，以饱满的精神、清晰的发音为即兴评述加分。如果不注意锻炼语言表达，即便有真情实感，恐怕也很难传递出来。修饰需注意：

(1)修饰要适度，不可形式大于内容。

(2)修饰以内容需要为前提，不可流于表面。

(3)修饰从吐字归音、体态表情等多方面综合考虑。

(4)良好的修饰能力要从日常习得，不能寄希望于“临时抱佛脚”。临场调整不但分散注意力，而且不自如。比如，有的人平常佝偻着背，说话冷着脸，到时候只能“装热情”，而不是“真热情”。

习题 52 阅读下列材料，准备 15 分钟，发表不少于 3 分钟的评述，注意把握态度情感。

天津市妇联和天津市家庭教育研究会近日对 1054 名未成年人家长的一份调查显示，有 88.6%的家长在孩子上学前教孩子识字算数等知识，有 28.2%让孩子学习外语，20.3%让孩子学习小学课程。这份调查同时还显示，上述三类儿童的睡眠时间明显少于没有参与此类学习的孩子。

天津市家庭教育研究会副会长关颖表示，父母们过度热衷于所谓的早期教育，其实是以“克扣”孩子满足生理需要的睡眠时间为代价的。

关颖特别指出，“独二代”比“独一代”更多地受到来自父母和老师的限制。从小“吃小灶”多，超前掌握了某些知识和有某些特长的孩子往往在分数上拔尖，从上幼儿园开始就会得到老师的肯定和赞扬，并被作为其他孩子的效法的榜样。一些父母从中尝到了甜头、得到欣慰，也促使更多的人对各种所谓“启蒙教育”趋之若鹜。

（新华网 2010 年 5 月 30 日，作者周润健）

习题 53 阅读下列材料，准备 15 分钟，发表不少于 3 分钟的评述，注意把握态度情感。

车祸发生刹那间，17 岁的重庆市农业学校学生侯章芳用手推开好姐妹小李，但自己却被货车撞飞，因伤重成了植物人。昨日，父母带着侯章芳转院回到了黔江区中心医院。令侯章芳父母想不通的是，女儿住院 8 个月里，获救的小李除出事初期来看过两次外，半年多了再也没来看过。侯母陈观素说，自己就是想让小李来看看女儿，“不会涉及其他事情。”

侯文全再次拨通小李的电话，对方称不再愿意提起这件事情，这让她压力很大。随后，小李称要上班挂掉电话。记者从学校了解到，小李确实因为此事觉得压力很大，思想包袱很重。目前，小李已去了苏州一家公司实习。

昨中午，侯章芳乘救护车离开市急救中心，回到了黔江区中心医院。临走前，陈观素夫妇还有一个心愿，希望小李来看看侯章芳。“我们相信有奇迹，你们曾经很要好，也许你可以唤醒她。”陈观素对记者说，就是想让小李来看看女儿，不会向对方提报恩、索赔的事，请她不要有思想包袱。

（《重庆晚报》2010 年 5 月 29 日，作者朱隽、杨帆）

习题 54 阅读下列材料，准备 15 分钟，发表不少于 3 分钟的评述，注意把握态度情感。

韩文溥老先生出生于海口三江，曾被省政府授予“爱琼赤子”称号。今年 5 月 9 日，老先生以 103 岁高龄，在家中安详地离开人世。一个月后，他的儿子、儿媳韩惠民先生夫妇、女儿韩敬华女士回到韩文溥先生生前付出诸多心血所建的海南省文溥职业学校，送来8万元，设立专项奖学金，专门奖励参加全省或全国职业技能大赛获奖学生，以鼓励学生刻苦学习专业技术知识。

据了解，1997年，时年90岁高龄的香港强华建教基金永远名誉主席韩文溥，从香港强华建教基金中拨款1000多万元，在海南家乡兴建“文溥农业职业学校”。这所学校位于海口市美兰区大致坡镇，是一所以培养农村实用型人才为目标的职校。2004年，韩文溥先生再施义举，无条件地将这所学校的产业赠送移交给海南省教育厅。学校改名为“文溥职业学校”。

据强华建教基金秘书长霍建强先生介绍，韩文溥先生的学生遍布世界各地，受先生的影响，很多学生都热衷于为教育事业做奉献。他支持自己的学生创立“香港海鸥助学团”，每年都资助西北贫困地区大学生圆梦。

韩文溥教育奖学金的资助对象比较特殊，得奖学生必须参加每年一度的“海南省职业技能大赛”或“全国职业技能大赛”并获得奖项。如果在海南省职业技能大赛中获一等奖，可得奖金2000元；如果在全国职业技能大赛中获一等奖，可得奖金5000元。据了解，对于职业学校学生来说，其技能水平完全可以决定他以后的就业过程是否顺利，这笔奖学金的设立可谓用心良苦。

（新华网海南频道2010年6月13日，作者许欣）

九、书面评述与口头评述的比对

比对书面评述与口头评述，包括以下环节：

(1)根据评述材料和要求，准备10分钟左右，即兴完成3分钟左右的评述，并录音。

(2)根据评述材料和要求，即兴完成500～1000字短文。总的时间与即兴评述花费时间等长，大略控制在20分钟左右。

(3)比较短文与录音，查找个人在语言组织和表达技巧方面的问题，同时也可以发现知识储备、思辨能力等方面的不足。

根据不同的目的，操作的步骤可以有所不同：

1. 侧重于检查语言组织

重在比较两者的遣词造句、篇章布局的差异。如果两者都存在较多问题，笔者建议先从阅读和写作入手，提升语言修养。如果短文写作的语言组织优于口头评述，说明口语中运用语言能力不强，笔者建议强化口头评述训练。

2. 侧重于检查思辨能力

重在比较两者的条理性。如果两者的条理性都不佳，说明思辨能力整体不佳。如果短文优于口头评述，说明短时思维能力较弱。

3. 侧重于检查知识储备

如果先写作后录音，无形中延长了口头评述的准备时间。因此，先录音，再写作。如果两者所提供素材和案例都较为贫乏，说明个人储备不足。如果短文所提供素材和案例比口头评述丰富，说明储备尚好，但口头评述应用能力欠缺。

4. 侧重于检查表达技巧

只听录音即可，注重从基调、语气、层次、重点、节奏以及语音发声等方面查找语言表达问题。

习题 55　根据以下材料，自选角度，分别进行书面评述和口头评述，并从语言组织、思辨能力、知识储备等方面比较二者。

昨日，学生家长刘女士称，14 岁的女儿婷婷（化名）在武汉市艺术学校舞蹈专业学习。最近婷婷总是问家里要零花钱，再三追问下，婷婷称因体重超标，老师让她交 170 元罚款。

刘女士告诉记者，女儿身高 1.55 米，体重 30 公斤，而每天训练从清晨 6 点到晚上 8 点。今年 3 月起，女儿被要求在校吃"减肥餐"，A 餐是黄瓜和苹果，B 餐则是一小碗清汤和一个包子。婷婷经常抱怨"吃不饱"，还说很多同学在训练时饿晕。她担心学校的硬性规定，会让女儿营养不良。

昨日中午，记者来到该校，负责学生工作的范老师坦言，校方做出如此规定实属无奈。据他介绍，该校的"减肥餐"和"罚款"，主要针对 200 多名舞蹈类专业的学生，因为舞蹈类专业的学生必须形象佳、身材好。

进入学校后，学校担心舞蹈类专业学生摄入热量过高，专门为他们制定了"减肥餐"。但"减肥餐"也不是所谓的"猫粮"，除水果外，还搭配有鸡腿、牛肉、鸡蛋等，这些都是经营养师专门调配的食物，尽量让学生吃得少而精。

范老师表示，制定"减肥餐"和按照考核标准罚款，的确有其不够人性化的地方。但该校舞蹈类专业学生大多是 12 岁左右的孩子，自控力不强，经常在外买零食，或是吃热量太高的食物。一旦发胖，对他们的专业成绩影响很大。他表示，到学期末，校方会将这些罚款退还给家长。

（荆楚网 2010 年 5 月 29 日，作者许洋、李响）

习题 56　根据以下材料，自选角度，分别进行书面评述和口头评述，并从语言组织、思辨能力、知识储备等方面比较二者。

昨日，某跨国营养机构公布的一项中国城市儿童成长健康状况调查显示：在被调查的孩子中，体重正常的只占 42.03%。因为挑食和过食，使得孩子出现了两种极端：营养不良和过度肥胖。在此次调查当中，64.11%的小学生都有挑食习惯。其中，孩子最爱吃的主食是肉类。而 54.3%的孩子每天食用蔬果只有 100 克～300 克，没有达到营养标准。

调查显示，只有近4成学生每天能达到锻炼一小时的标准。而有33.87%的学生承认自己是“被锻炼”，因为“学校有规定”。而在家自觉锻炼的人仅有31.05%。

（《羊城晚报》2010年5月25日，作者陈学敏）

习题57 根据以下材料，自选角度，分别进行书面评述和口头评述，并从语言组织、思辨能力、知识储备等方面比较二者。

对于校园危机，各国都根据本国的实际情况采取了不同的危机管理模式。

在美国，几乎每个州都有专门的学校管理机构对危机管理进行研究，为本州内的所有学区危机管理报告的制定提供意见，编写《公民应对危机指南》宣传册，组织本州的危机管理人员进行培训等。

日本非常重视培养学生的生存意识和生存本领。日本是地震频发国家，因此具有比较完善的地质灾害预警系统和卓有成效的地震知识普及工作，每年都要组织学生参加地震自救演习。从幼儿园开始时就会被带到地震模拟车上学习逃生技能，从小就灌输普及避灾知识。家家户户的门窗附近，都备有矿泉水、压缩饼干、手电筒以及急救包，就连新潮的电脑游戏，也开发出考验人们在强震下应急对策的软件。

云南省应急救援科学技术学会专家指出，相比于这些国家，我们目前的学校安全管理更多是依靠上级发布紧急通知、文件，依靠校长、老师个人的安全意识和责任意识，缺少必要的灾难预防知识。

“2009年12月，湖南某学校发生的踩踏事件，反映出大多数学校领导、教师学生缺乏危机意识；而2008年‘5·12’汶川大地震，桑枣中学全校2000多名师生只用了1分36秒就全部逃离了教学楼，创造了零伤亡的奇迹。在突如其来的大灾难面前，有应急准备和没有应急准备的学校，在保障学生教师的生命方面显现出巨大差距。”云南省应急救援科学技术学会那位负责人说。

（《中国青年报—中青在线》2010年5月26日，作者张文凌）

第五节 交流意识

交流感是听话人对于说话者是否通过评述实现了交流的主观评价和感受。是否有交流感，是评价即兴评述的重要方面。交流感不是“我说着，你听着，就可以了”，不是做做样子、一味微笑就能实现，更不是盲目自信可以得来。除了饱满熟练的内容、恰切的表现形式，交流感以适宜的交流意识为基础。

交流意识是即兴评述时，说话者妥善处置不同意见，尊重听话者需要的一种观念。它表现为说话者在判断听话者需要和反应的基础上，积极调动说话的愿望，主动调整说话的内容及方式。交流意识包括两方面：**对方意识**——照顾到不同事例和不同观点，展开不同观点之间的交流；**听众意识**——照顾到听众的需要，尤其是心理需要，展开听说双方的交流。

准确的交流意识，可以激发说话者的思维、情感、态度，有利于提高评述内容的覆盖力，加强交流的针对性，实现深层次的交流，改善交流的效果。

简而言之，即兴评述要变“我觉得”为“结合以上观点，我有如下看法”，变“我想说”为“请你听”，变“我有话要说”为“我想和你谈谈”。培养交流意识，落实交流意识，是即兴评述训练中不可忽视的方面。

一、评述中的对方意识

对方意识多指辩论时，说话者在表明个人态度倾向的过程中，尊重对方立场的观念。在即兴评述中引入对方意识，强调的是评述时，说话人要尽可能地注意到与个人观点相关的其他观点，无论这些观点是肯定自己还是否定自己，都应尽可能客观地提到并做出回应。通俗地说，在评议某件事情时，对方意识要求说话人“睁着眼睛，伸着耳朵”说话，注意别人已经说了什么、正说着什么或者可能会说什么，敢于面对他人观点，并积极回应。了解他人观点而不敢提及，是对自己观点的不自信。这种“屏蔽”的做法，很容易导致片面和武断。观点也很难有真正的创新。笔者认为，只有直面他人的意见，才可能实现交流。

培养对方意识，在即兴评述中落实对方意识，需注意以下几点：

1. **着眼事实，比较观点**

无论是通过人际交谈，还是通过网上搜索，针对同一件事，我们都可以发现不同的看法。笔者建议，在充分掌握事实的基础上，以事实为依据，罗列并比较各方观点。

2. **形成判断，做出解释**

这是对方意识的核心：对方意识并不是简单的罗列观点，一定要有自己独立的判断，并对判断做出说明和解释：“肯定还是否定，为什么？”照顾到他人观点，是为了更好地说明自己的主张，切忌“让自己的脑袋成为别人观点的跑马场”。

3. **调整评述，注意语态**

说话者可以根据事实和众多观点调整评述内容。提到与己相异的观点，要注意语气和分寸。

习题 58　在充分考虑反方意见的基础上，以正方意见为主旨展开评述，要求有理有据，自圆其说，力求说服反方。

- 正方：我们能否成功，在某种程度上取决于自我评价。你给自己定位是什么，你就是什么。定位决定人生，定位改变命运。
- 反方：盲目自信，刚愎自用，自以为是，以自我为中心的思维往往导致失败。

习题 59 在充分考虑反方意见的基础上，以正方意见为主旨展开评述，要求有理有据，自圆其说，力求说服反方。

- 正方：不要活在别人的嘴里，不要活在别人的眼里，而是把命运握在自己手里。
- 反方：俗话说：不听老人言，吃亏在眼前。不接受别人的经验，不吸取别人的教训，没有沟通，缺乏了解，不可能把握自己的命运。

习题 60 在充分考虑反方意见的基础上，以正方意见为主旨展开评述，要求有理有据，自圆其说，力求说服反方。

- 正方：吃亏是福。吃亏是一种生活哲学：舍得舍得，有舍才有得。
- 反方：吃亏是祸。自愿吃亏是在自己身边培养小人。光我吃亏，别人不吃亏，那我岂不是傻瓜。要吃亏大家一起吃。

习题 61 在充分考虑反方意见的基础上，以正方意见为主旨展开评述，要求有理有据，自圆其说，力求说服反方。

- 正方：善待别人就是善待自己。
- 反方：人善被人欺，马善被人骑。

习题 62 在充分考虑反方意见的基础上，以正方意见为主旨展开评述，要求有理有据，自圆其说，力求说服反方。

- 正方：有位哲人曾说："我们的痛苦不是问题本身带来的，而是我们对这些问题的看法产生的。"
- 反方：问题就是问题，只有解决问题才能解除问题带来的痛苦，光改变看法有什么用？比如肚子饿了，难道只要改变对饿的看法，就能不饿了吗？

习题 63 在充分考虑反方意见的基础上，以正方意见为主旨展开评述，要求有理有据，自圆其说，力求说服反方。

- 正方：一位哲人说："人生就是一连串的抉择，每个人的前途与命运，完全把握在自己手中，只要努力，终会有成。"
- 反方：人的命运不完全把握在自己手中，并不是所有的努力都能换得成功。

习题 64 在充分考虑反方意见的基础上，以正方意见为主旨展开评述，要求有理有据，自圆其说，力求说服反方。

- 正方："生于忧患，死于安乐"。长期固守于已有的安全感中，就会像温水里的青蛙一样，最终失去跳跃的本能。
- 反方：不能学杞人忧天，不能做庸人自扰。整日患得患失，哪有精力做事，生活也会变得没有滋味。

习题 65 在充分考虑反方意见的基础上，以正方意见为主旨展开评述，要求有理有据，自圆其说，力求说服反方。

- 正方：把仇恨写在沙滩上，淡淡忘掉别人伤害过你，学会宽容，让所有的怨恨随着潮水一去不复返，这也是一种人生境界。
- 反方：忘记就是背叛。君子报仇，十年不晚。

二、评述中的受众意识

在即兴评述中，受众意识是指说话者在素材准备、内容结构、语言组织和表达的过程中，始终考虑到听话者的接受条件和心理需要，明确双方交流的基础，热情为听话者服务的心理。准备评述时，我们不妨自问：这么说有没有人听？能不能听明白？爱不爱听？说话的方式和节奏符合听话人的需要吗？概括而言，在评述中落实受众意识，需注意以下几点：

1. 加强沟通

日常生活中，通过各种方式，了解不同的人对人对事的不同看法，加深对各种心理现象和心理需要的认识。

2. 线索清晰

评述以口语为手段，语音稍纵即逝，清晰的线索能帮助听话者迅速理清头绪。以白岩松在耶鲁大学的演讲为例，演讲以"我的故事以及背后的中国梦"为题，始终围绕这一线索展开。整个演讲，线索集中，便于听众理清演讲者思路。

3. 结构巧妙

先说什么，再说什么？选哪个角度说？从哪个细节说起？是开门见山地直说，还是先铺垫再引出？结构巧妙的评述更能吸引听众。仍以白岩松在耶鲁大学的演讲为例，整个演讲由五个年份（1968、1978、1988、1998、2008）串起，通过"我的故事"讲述"中国梦"。这种"年份＋故事"的结构方式既方便听众记取，又引人入胜。演讲开始时，白岩松是这样切入的：

过去的二十年，中国一直在跟美国的三任总统打交道。但是今天到了耶鲁我才知道，其实它只跟一所学校打交道。但是透过这三位总统我也明白了，耶鲁大学的毕业生的水准也并不很平均。

【分析】这个短短的"引子"，看似与演讲的主题无关。但从整个演讲着眼，这一"闲笔"无疑契合演讲的语境——耶鲁大学，切合演讲的对象——美国人富于"幽默"和"调侃"的心理。由此打开了演讲的局面。白岩松的这种设计，正是基于其对受众的准确认识和判断。

接下来就进入我们这个主题，或许要起个题目的话应该叫《我的故事以及背后的中国梦》。我要讲五个年份，第一要讲的年份是1968年。

4. **注重呼应**

注意听话者的反应,从说话的内容到说话的节奏都力求与听话者产生呼应。以说话节奏为例,大家熟悉的地方,可以带过;可是遇到交流障碍时,就需要说话人放慢语速,甚至停顿,切忌自顾自说。还以白岩松在耶鲁大学的演讲为例:

(1)多用"你"字,适度引入对方的作为和想法,帮助听众获得参与感,强化交流。

- 当然我知道那一年,1988 年对于耶鲁大学来说格外的重要,因为你们耶鲁的校友又一次成为美国的总统。
- 那一年(笔者注:指 1998 年)的主角就是克林顿。也许在美国你记住的是性丑闻,但是在中国记住的是他那一年访问了中国。
- 看样子奥巴马的确不想再接受耶鲁占领美国二十年这样的事实了。他用"改变"以及"梦想"这样的词汇,让耶鲁大学的师生在他当选总统之后,听说你们举行了游行,甚至庆祝。在这个细节当中,让我看到,耶鲁的师生的一种超越。

(2)提及听众熟悉的事物,通过内容的接近性制造心理上的亲近感和信任感,有利于激发听众的兴趣和认同。

- 接下来的年份该讲 1988 年了……那个时候我已经开始非常狂热地喜欢摇滚乐了。那个时候正是迈克尔·杰克逊还长得比较漂亮的时候。

(3)顺手拈来现场元素,制造出其不意的现场效果。

- 在北大的克林顿的演讲当中,由于整个的克林顿总统的演讲,用的全是美方所提供的(这个)翻译。因此,她当时的翻译的水准远远达不到今天我们翻译的水准。

(4)直接呼应,强化现场交流。

- 三代人像经历了三个时代,但是在目前的中国你随时可以找到这样的家庭。如果我没有说错的话,现场就会有很多的来自中国的留学生,他们的家庭构成就是这样的,对吗?

5. **强化练习**

练习时,一方面可以结合具体材料分析听话者的需要;另一方面,在明确听话者需要的情况下,反复练习,调整评述语言,直到能自然而准确地感受到听话者的需要并以此调动自己。

习题 66 结合材料,以"六一节的特殊礼物"为题,向少年朋友介绍下面的内容,要求脱稿,态度热情恳切,富有交流感。

有动手印拓的体验,有拼搭古建筑的成就,有现场寻宝的神秘,有感受文物复制的乐趣……记者从南京博物院获悉,今年"六一"该院将推出趣味体验室,让青少年在更富趣味性的互动体验中了解中国的悠久历史和灿烂文化。

据介绍,趣味活动体验室设在南京博物院艺术陈列馆一层,面积 180 平方米。体验室开辟了三个活动体验区,即古代建筑认知,古建筑结构拼搭体验区,古代画像砖、碑刻、木刻等趣味墨拓体验区，实物感受文物触摸、复制体验。其中，在“趣味水印木刻”区域，青少年观众可选择馆里各时代的代表文物石刻、砖雕、木刻、青铜纹饰、漆雕、汉画像石等制作底模。通过亲手制作拓片认识文物，了解各时代的纹饰特点、历史故事。在“古代榫卯、斗拱结构”区域，孩子们可通过动手制作微缩中国古建筑、古代装饰物包括宫灯等，了解中国古建筑的特点和基础知识。在“实物感受文物触摸、复制”区域，孩子们还可以通过触摸感受文物、参与复制拷贝，充分发挥想象力和智慧。此外，南京博物院届时还将根据传统节日等主题展览等开设主题活动。

（新华网 2010 年 5 月 30 日）

习题 67　结合材料，以“我眼中的赵本山（或自己熟悉的其他明星）”为题评述。

5 月 29 日晚，第三届演艺名人公众形象满意度调查颁奖（华鼎奖）盛典在北京京西宾馆举行。曾志伟、韩三平、周迅、陈奕迅、容祖儿、李少红等近百位演艺界明星大腕齐聚一堂，现场见证象征“老百姓口碑”的各樽华鼎奖最终归宿。赵本山荣获第三届中国 500 名演艺名人公众形象满意度调查总榜冠军。

（中新网 2010 年 5 月 30 日）

训练设计：5～10 人一组，轮流以“我眼中的赵本山（或自己熟悉的其他明星）”为题，就其公众形象发表看法，时间在 2～3 分钟。要求逻辑顺畅，自圆其说，注意根据听众的反应调整评述。

习题 68　讲述你身边的感人故事，要求内容完整，逻辑顺畅，态度恳切，富于交流感，时间 3 分钟左右。

有一种感动叫坚守。有一种大爱叫平凡。寻常事一样深深打动着我们。这种感动，有生命的血脉相通，也有精神上的守望相助。这种感动，会潜移默化、濡染滋润彼此，驱动我们走得更远、更坚定。是否在您的身边也有这样的感动？

（人民网 2010 年 6 月）

第六节　评述状态

评述状态主要是指即兴评述时，伴随并影响说话者思考和表达的内在心理状态，以及体态、表情等副语言的表现。说什么和怎么说固然重要，而“以什么状态说”对于即兴评述而言同样不可轻视。(1)良好的状态是即兴评述的前提。心理过于亢奋、消极或紧张，都不利于准确、高效地思考问题。而动作盲目、动作过于繁杂等副语言问题，也会分散听说双方的注意力，削弱语言交流的效果。(2)状态往往被看作说话者的个性、说话的内容以及态度的综合反映和直观反映。仅就其评述的内容而言，状态是结合具体评述内容的状态，内容是在某种得体的状态中表现出来的内容。消极的状态，给人的第一印象就是“没准备好”、“无法驾驭”，引起的是听话者否定的心理。积极的状态却能帮助说话者树立“自信、稳健、大方、可信”的良好形象。(3)通过自我调整获得良好状态是播音主持专业能力的重要方面。作为一名“准主持人”、“模拟主持人”，状态应该是积极、自如、稳健的“准主持状态”。

综上所述，即兴评述准备时间短，而对语言的质量和效果要求却较高。因此，除了要“有备而来，及时跟进”，说话者还应该注意从内外部调整自己的状态，以求更好地投入评述。

以下，我们结合常见的评述状态问题，分析原因，寻找对策。

一、明确任务，关注内容——针对临场心理紧张问题

即兴评述即便有一定的准备时间，但仍是对说话者知识储备、思辨能力、语言组织和表达能力的极大考验。加上其他林林总总的因素，无形中加大了说话者的心理负担。根据笔者的观察，评述时慌慌张张的说话者不在少数。不少人表示，因为紧张，即兴评述时脑中一片空白，不知道自己说了些什么。可以说，“临场心理紧张”是说话者极为关心的问题，也是即兴评述状态中出现问题最多的方面。

对于临场心理紧张问题要理性看待。首先，良好的即兴评述心理状态并不是一点紧张感都没有。相反，适度紧张其实是一种正常的心理反应，对于临场发挥有一定益处。以播音主持专业面试为例，有的考生，一进入考场就“出奇的冷静”，什么都不想说，这其实是自我抑制的心理状态，不利于激发思维。因此，那些“因为发现自己紧张而变得更加紧张”的说话者，需要改变认识。笔者的经验是，把“紧张”看作“不受欢迎的来访者”，你不搭理它，它自然就觉得无趣，一会儿就自行离开了。其次，当紧张超过了一定度，妨碍了思考和表达，则需要积极调整。第三，我们面临的问题是“临场心理紧张”，但解决的目标却不是“临场心理放松”，而是“调整心态，集中注意力在构思上”。否则，即便心理放松了，对于评述来说益处仍旧不大。

如何解决心理紧张问题？当下流行着不少锦囊妙计，以下一一列举并加以辨析：

1.“深呼吸”法

这种方法要求说话者通过深呼吸放松身体，以求间接放松心理。类似的方法还有“舒展身体”、“安静下来，什么都别想”、“转移注意力”等。这些方法都试图通过生理放松改变心理状态。

2.“我不紧张”法

这种方法要求说话者一旦感到心理紧张，就不断地告诉自己：“我不紧张”！以求通过暗示，强迫自己放松。类似的方法还有“暗示自己我很棒”、“暗示自己我会成功”等。这些方法都试图通过自我鼓励和肯定放松心理。

3.“当他(她)是土豆”法

这种方法要求说话者将听话者看成“土豆”，以面对“土豆”的放松心态进行评述。类

似的方法还有“当他是萝卜、白菜……”、“当他们都不存在”等。这些方法都试图通过看轻受众、无视受众放松心理。

以上方法是否能解决心理紧张问题，仁者见仁，智者见智。不过，它们有一个共同的特点，就是将“心理放松”当作目标。笔者认为，心理紧张容易转移注意力，影响构思。而以上调整手法也同样转移说话者的注意力，同样影响构思。从即兴评述的角度看，这种调整效率不会太高。尤其是“当他是土豆”法，通过尊己卑人的方法实现，谈何交流意识，笔者很不赞同。

笔者以为，解决临场心理紧张，并服务于即兴评述的构思和表达，关键在于控制并转移注意力，概括而言即“明确任务，关注内容”。具体的方法是临场回溯。所谓**临场回溯**，是指在开始评述的前后时间段内，说话者主动确认自己的说话身份、任务、目的，较为细致地回溯相关的内容结构与细节。这种控制有利于说话者将注意力集中于有用的内容。临场回溯包括四方面：

(1)确认观点。

(2)确认形成观点的依据。

(3)确认阐释观点的层次和具体材料。

(4)确认必须保留和可以删去的部分，以便根据需要调整。

习题 69　结合以下材料，根据设计进行练习。

自世博会开幕以来，世博自愿减排活动在推进低碳世博方面取得了很大成效。上海杨浦区还率先以家庭为单位，通过世博自愿减排平台购买自愿减排量，助力“低碳世博”。5 日，上海环境能源交易所世博自愿减排国际版网络也正式开通，为世界各国参与和关注世博自愿减排活动提供了重要的网络平台。5 日，上海青年世博“海宝”珠峰登山队队长许刚从上海环境能源交易所总经理林健手中接过自愿减排证书，成为首支实现自愿减排的珠峰登山队。“海宝”珠峰登山队此次通过世博自愿减排平台购买了 5 吨自愿碳减排量，抵消此次登山活动所产生的碳排放，首倡“低碳”登山。

(新华网 2010 年 6 月 6 日，作者李荣)

训练设计：以 15～20 人为一组，其中一人结合上述材料，稍作准备，以“我看自愿减排”为题展开评述。要求利用“临场回溯”调整心理状态，集中注意力。

习题 70　以“我看隔代教育”为题，展开评述。

父母忙于工作，不少家庭的小朋友都由祖辈照顾。有的人认为，隔代教育容易导致溺爱和亲子隔阂。而有的人却认为，祖父母有丰富的育儿经验，隔代教育不但分担了年轻父母的压力，而且更有利于孩子的成长。结合你的成长经历，分享隔代教育的故事，谈谈隔代教育的利弊。

训练设计：以 15～20 人为一组，其中一人结合上述材料，稍作准备，发表演说。要求利用“临场回溯”调整心理状态，集中注意力。

习题 71　快速阅读以下材料，不做任何准备，以“我看文明上网”为题展开评述。要求利用“临场回溯”调整心理状态，集中注意力。

暑假即将来临，如何规范孩子的上网行为，引导孩子汲取网络“营养”，抵御不良信息侵害，是许多家长的新课题。家住上海共富二村的李欣女士对引导孩子健康上网有自己的好办法。她的孩子今年上六年级，为了不让网络影响孩子的学习，她和孩子约法三章：周末从早上 9 点到中午 11 点是上网时间，下午补习，回来后晚上 10 点以前可以上网。为了更好地督促孩子自觉遵守约定，李欣还在电脑里安装了控制时间的小软件，时间一到，电脑自动关机。此外，李欣和丈夫也会以身作则，不在规定外的时间上网，为孩子做榜样。

上海南汇区“斌晟网吧”经理谢伟说，为了响应文明上网的号召，他的网吧已经安装了屏蔽非法网站的软件，禁止用户浏览非法网站。记者在网吧内看到，每台机器的桌面上都打出了“请文明上网”的字样，还有未成年人禁止入内、上网时应该注意休息等温馨提示。谢伟说，现在网吧内很少有吸烟、穿拖鞋、赤膊的顾客。

（新华网 2010 年 6 月 16 日，作者杨金志）

二、放下架子，真情流露——针对评述缺乏感染力问题

即兴评述有时会出现这样的现象：说话者说了许多，自我感觉良好，而听话者却觉得稀松平常，没有新意。这种落差说明评述缺乏感染力，不能激起听话者的共鸣。解决这一问题，在于说话者“放下架子，真情流露”。

首先，说话者要注意观点的可信力。这并不是让说话者说讨好的话，而是要求观点切中要害。其次，说话者要“放下架子”。所谓“架子”是对说话者不善交流的评述状态的形象说法。改善这一问题，笔者建议，一方面要以诚恳的态度进行评述，真实反映个人的见解，切忌空话套话。另一方面，不作“播音状”、“主持状”，行坐端正、状态积极即可，避免神情体态刻板僵直，让人感到冷漠隔阂。

我们以中央电视台著名节目主持人崔永元为例：

孩子们，从昨天到今天，我和濮存昕、王宝强老师一直在商量，我们怎么做是对你们最好的帮助？怎么做才能让你们忘记痛苦？这个灾难太大了，大到好像做什么都太轻了。所以，我们希望和你们过一个欢乐的下午，我们没有成功。可能很多来帮助你们的人也都做不到，让你们忘记灾难和悲伤，让你们快乐起来，可能做到这一点的只有你们自己。因为你们未来的人生还很长，你们还有很远的路要走，只有你们健康起来才能走下去。

崔永元边说边环顾现场，突然发现两样东西：一面镜子和一个地震也没有停摆的时钟。他接着说：

大家不要悲伤，这面镜子就是时刻提醒我们看着镜子里的自己，要做好人。而这个

钟更是告诉我们要珍爱生命，拼搏向上，永不停歇。

（吴郁:《当代广播电视播音主持》，复旦大学出版社第 2 版）

示例分析：这是 2008 年 5 月 25 日，崔永元到德阳东汽中学的帐篷学校里和幸存师生一起做特别节目时说的一段话。在那样一个特殊的时刻，崔永元既不是强颜欢笑，也不是故作悲伤，而是在倾听和对话中，与现场师生产生心灵共振。出于对幸存学生的一片关爱，将心比心，语重心长；满腔的激情，现场事物的激发，促使他产生语言的智慧。崔永元的这两段话，言辞朴实，之所以打动人心，关键在于"真情流露"。如果崔永元对幸存学生没有疼惜和关爱；如果崔永元端着主持人的"架子"，来几句不疼不痒的总结，那效果恐怕适得其反。

总之，依据"人我同心"的道理，说话者应"放下架子，真情流露"，力求"心口如一，平实可爱"的评述效果。

习题 72　讲故事

训练设计：5～10 人一组，展开回忆，讲述自己的亲身经历。既可以是令人感动的一件事，也可以是难忘的生活片段。所有组员轮流进行，每人 3～5 分钟。要求：真情实感，杜绝编造。

习题 73　讲故事

训练设计：5～10 人一组，展开回忆，讲述他人的经历。既可以是令人感动的一件事，也可以是难忘的生活片段。所有组员轮流进行，每人 3～5 分钟。要求：真情实感，杜绝编造。

习题 74　接故事

训练设计：5～10 人一组，展开回忆，由某一组员开始，讲述自己或他人的经历。既可以是令人感动的一件事，也可以是难忘的生活片段，3～5 分钟。结束后，另一组员受其激发，讲述相似的事情，随机轮换，直到轮完所有的人。要求：真情实感，杜绝编造。

习题 75　看图说话

根据右图展开联想，讲一个真情故事，时间不超过 5 分钟，要求内容完整，情节合理，符合图片表现的基本语境，讲述时要注意调整状态。

（图片来源：新浪微博）

习题 76　阅读以下材料，谈谈你对"艺术精品进校园"活动的看法。要求有感而发，逻辑自洽，时间在 3 分钟左右，讲述时注意把握状态。

甘肃省"艺术精品进校园"活动的主要内容，包括中国儿童艺术剧院来兰为中小学生、幼儿园孩子演出经典童话剧《小蝌蚪找妈妈》、《小吉普，变变变》，甘肃省歌剧院深入各高校开展夏季演出季活动，演出经典歌剧《原野》等。此外，陇剧《苦乐村官》、秦剧《大河情》和话剧《兰州好家》等剧目及非物质文化遗产“花儿”也将到高校巡回演出。舞台艺术之外，主办方还将组织《血脉》、《同学》、《儿娃子》等优秀电影到高校及部分中学进行公益性放映。“百名摄影家看陇原”的优秀摄影作品和第六届敦煌文艺奖书法、美术、摄影类获奖作品，也将在此次活动中与广大学生“零距离”接触。此次活动的重头戏当属经典舞剧《丝路花雨》、《大梦敦煌》和“五个一工程”获奖作品——京剧《丝路花雨》、秦剧《百合花开》、电视连续剧《老柿子树》等艺术精品在高校的亮相。据了解，省内各地也将根据实际情况开展文艺演出、书画摄影展览、影视展播、精品图书展销和艺术讲座等形式多样的活动。

（新华网甘肃频道 2010 年 6 月 9 日）

三、以理驭情，把握语态——针对评述中情绪失控问题

即兴评述时，有的人受到话题或材料的激发，表达时情绪显得失控，常见有两种情况：(1)话题或评述材料具有争议性，说话者偏于一方，在说明观点时，情绪冲动，言辞激烈，以至失态。(2)受话题或评述材料激发，联想到亲人、朋友或生活中感人瞬间，哭哭啼啼，不能自已。比如，在某年播音主持专业面试时，笔者就遇到过考生谈起妈妈的辛劳而痛哭流涕，无法继续考试。针对评述中的情绪失控问题，笔者提出“以理驭情，把握语态”的基本策略，包括以下方面：

1. 明确目的

明确说话的目的，有利于控制情绪，调整即兴评述状态。以负面新闻为例，评述的目的是为了帮助人们认识这一现象，分析其中利害，恳切地讲道理，以求有则改之，无则加勉。说话者拿到此类材料，如果拍案而起，口不择言，势必不能服众，那就有违目的，导致失态。

2. 认识情感

情绪失控的深层原因之一，是说话者没有正确认识情感，在内心不自觉地夸大了事情的正面或反面。因此，加深对情感的认识，有感而发并且以理驭情，有利于节制情绪。

3. 调整语态

语态是一个人说话时的状态。即兴评述的目的是表达观点，完成沟通。因此，一般而言，说话者应取积极、冷静、平和的语态完成评述。

习题 77 阅读以下材料，根据设计进行练习。

6 月 9 日 16 时 30 分，在海南三亚考区实验中学考点，参加完高考的考生兴高采烈地走出考点，记者随机采访了多名考生。关于“高考状元”的提法，绝大部分考生都强烈表示不支持。

“我觉得‘高考状元’的提法对于我们这些学习一般的考生来说，简直是一种心灵上的摧残！”一名考生如此向记者表示，“本来我们平时学习压力就特别大，好不容易高考完了，媒体以及学校老师几乎都将聚光灯照在状元身上，可我们这些普通生考好考差，却少

有人关心我们的感受”。

记者采访部分家长后发现，家长们倒普遍支持公布“高考状元”。家长们表示，公布“高考状元”可以促进其他学习一般的学生更好地学习。不过，不少家长也表示不赞成对“高考状元”进行过多的宣传。

一名农垦三亚高级中学的老师表示，“高考状元”的提法很不妥。如果一个学校出现了一名“高考状元”，无论是学校、班级、班主任以及科任老师都会得到社会各界的普遍关注，冠以许多光环，给人以一种“一人得道，鸡犬升天”的感觉。而对于每年高考过后公众热捧的状元学习方法现象，该老师表示，每个学生都有各自的知识点强弱项，“状元”的学习方法可能适用于他自己，但不能推广给其他学生。

（人民网 2010 年 6 月，作者王春棠）

训练设计：准备 10 分钟左右，围绕“高考状元”的合理性进行评述，要求逻辑自洽，时间在 3 分钟左右。注意明确说话目的，把握态度，调整语态。

习题 78 阅读以下材料，根据设计进行练习。

前天上午 9 点，从北京来杭州出差的韩先生路过施家花园，看到一个留着平头、头发花白的老人趴在地上，一副无力的样子。出于怜悯，韩先生走上前把他扶起来，然后问他出了什么事情。

老人里面穿了一件深红色 T 恤衫，外面套着一件白色长袖汗衫，身高约 1 米 76，看着大约 60 岁的样子，衣着还比较干净。老人操着北方口音的普通话说，他是安徽宿州人，来杭州找 39 岁的儿子，一直没找到。本来有 300 多元，前晚在路边被几个小伙子抢劫了，身上的钱和证件悉数被抢走，这几天没饭吃也没地方住。

看老人的样子可怜，韩先生到附近小店给他买了几个包子、一袋牛奶和一瓶水。老人也不客气，接过包子和牛奶，两分钟内就风卷残云般吃了个干净。因为还有公务在身，韩先生不能一直陪着老人，他怕身无分文的老人衣食无着、无家可归，于是报了警。朝晖派出所的值班民警赶到，韩先生将老人交给民警之后就离开了。

可是，在民警眼里，事情完全是另外一个样子。“他是我们这里的常客了。”值班民警告诉记者，这个老人 73 岁，派出所接到关于他的报警已经好多次了，附近不少居民都认识他。这几年他一直在朝晖一带活动，每次都是看见有人了就摔倒，然后说找儿子、钱包被偷之类的话。有的人可怜他就会给他买吃的，有人还会施舍他一些钱。“我还见过有人一出手就给了他一百。他基本上就是个骗子。”

民警说，他们问过老人好几次要不要去救助站，老人都说不愿意。

“他看起来很可怜，而且确实是很久没吃饭的样子。怎么会是个骗子呢？”韩先生有些想不通。

（《钱江晚报》2010 年 6 月 17 日）

训练设计:你有过韩先生这样的经历吗?你注意过这样的现象吗?对于此类现象你如何认识?准备10分钟左右,自设角度展开评述,要求逻辑自洽,时间在3分钟左右。注意明确说话目的,把握态度,调整语态。

四、简约大方，积极自如——针对评述中体态失当问题

虽然做好即兴评述关键在于知识储备、思辨能力、语言组织和表达能力,但评述中出现的体态问题,也影响听说双方交流。即兴评述时,说话者的体态不可模拟夸张的舞蹈动作或搔首弄姿的造型。“简约大方,积极自如”是体态运用基本原则。具体而言,要注意以下几方面:

1. **表意性**

体态语应承载一定的表情达意功能,避免盲目的习惯性动作。

2. **必要性**

改变错误观念,不可为动作而动作,避免在说话的过程中,体态语过于繁杂。

3. **明确性**

出于表情达意的需要,体态语要鲜明,动作要有明确的幅度和过程,完成得干净利落,避免细碎的小动作。

4. **自如性**

体态语的改变要从日常生活做起,以便运用自如。笔者建议,即兴评述时慎重使用自己未曾尝试过的体态语,那会使自己感到不自在,分散注意力。

5. **协调性**

体态语要整体协调,给人以积极、端庄、稳健的印象。

习题79 阅读以下材料,根据设计进行练习。

当今的孩子,手中有钱现象相当普遍,且数额越来越大。教育专家表示,理财教育是家庭教育中的重要一环,学会理财可以培养孩子的四种能力。

谈到理财,一些家长很自然地认为这是当家过日子的事,跟孩子没有多大关系,长大成人自然就会了,其实不然。

天津社会科学院研究员、天津市家庭教育研究会副会长关颖说,理财教育是与少年儿童成长的各种问题息息相关的。可以说,在现代生活中,理财能力是生存能力的重要组成部分,是当今社会每一个人必须具备的基本素质,直接关系到人的发展和一生的幸福。对于成长中的少年儿童来说,学会理财,不仅仅是如何用钱的问题,其中包含了多方面的教育内容和多种能力的培养。

一是培养孩子良好的品质。理财教育是教育孩子掌握正确的理财方法和形成良好的理财习惯,这当中自始至终包含着品德教育的内容。比如通过了解金钱与工作的关

系，让孩子懂得父母挣钱的艰辛，进而珍惜别人的劳动，产生孝敬父母、回报父母、回报社会的情感和行为动力；懂得金钱不是从天上掉下来的，要取得成功需要付出、需要奋斗的道理，诚实、守信是经济生活中取得成功不可或缺的品格等等。

二是锻炼独立做事能力。现代心理学的研究表明，儿童在幼儿阶段就有了独立意识的萌芽，并逐渐产生自我意识与自我表现欲望。让孩子理财，无疑为孩子提供了自我实现的极好实践机会，使他们从支配自己的零花钱开始锻炼独立做事的能力。

三是提高辨别和分析事务的能力。当孩子面对铺天盖地的广告宣传和名目繁多的促销活动的时候，需要做出符合自身情况的判断和选择；当孩子打算用自己手中的钱购物的时候，需要再三考虑购买的必要性，对商品的价格、质量等进行考察。成功的理财教育，可以帮助孩子在得到物有所值的商品的同时，所获得的还有分析和辨别能力的提高。

四是学习管理经济事务。在现代社会，无论个人怎样生活，无论从事什么职业，都会不同程度地与钱发生联系。当家理财是家庭生活的组成部分，有助于生活的更加幸福美满。让孩子从小接触钱、了解钱并学会如何合理使用钱、管理钱，有利于培养孩子的经济意识和理财能力，以适应未来经济生活的需要。

（新华网天津频道 2010 年 6 月 5 日，作者周润健）

训练设计：利用以上材料，做一期服务类节目，让广大家长认识到培养孩子理财能力的重要性。要求结合内容，设计道具和体态语，并在节目中使用它们。

习题 80 阅读以下材料，根据设计进行练习。

6 月 10 日，“六月低碳教育系列活动”在双榆树某幼儿园举行。记者在现场看到，有一盆菜，看外形是油麦菜，可颜色正在由绿色转为紫色。现场的一位辅导老师介绍，这个菜叫紫油麦，也就是紫叶油麦菜，不过在这里它还有另外一个名字叫“反暴力菜”。因为它一片片舒展的叶片，像一条条紫色丝带，可以作为反对暴力的紫丝带运动的代言菜。而为它取这样一个名字，也是呼吁全社会，反对各种暴力，比如家庭、社会、校园暴力等。这种呼吁，本身也是一种很低碳很和谐的情感。

在活动中，孩子们可以接触到黄瓜、番茄、油菜、生菜等有机蔬菜，学到一些有机蔬菜的知识。比如：红色的樱桃番茄取名“红太狼”，因为当初西红柿被人类发现时曾以“狼桃”命名；而娃娃菜取名为“低碳王子”，则是由于白菜是百菜之王，而娃娃菜这种小白菜就像是菜王的孩子。

（新华网北京频道 2010 年 6 月 10 日，作者沈礼新）

训练设计：准备 15 分钟左右，围绕“低碳启蒙教育”展开评述，要求逻辑自洽。时间在 3 分钟左右。注意把握体态语。

第七节 日常自习

即兴评述是自身素质的诸方面对具体命题和具体语境的应激反应。日常积累对于改善即兴评述的质量和水平具有重要意义。然而，日常积累是个宽泛的概念。生活无处不是知识，如果处处着力用心，恐怕精力有所不济。面对这一两难问题，笔者建议从两方面着手：第一，通过阅读形成具有解释力的知识储备，丰富间接经验；第二，思考整理具有交流价值的个人经历，消化直接经验。

一、具有解释力的知识储备

一个人通过学习所掌握的知识是其间接经验的重要组成部分。对于即兴评述而言，说话者的知识储备是否具有解释力，直接影响说话的效果。那么，如何理解知识储备的解释力？如何完善具有解释力的知识储备？

1. 知识储备的要求

通常，我们对“知识”有着广泛的定义。的确，人情物理无一不是知识。即兴评述就是拿个人的知识储备，在较短的时间内，完成对新现象、新事物的解释。因此，它对知识储备有特殊要求：

(1)广泛性

知识储备应涉及不同领域的事物，以及同一事物的不同侧面，视野不可过于局限。拿到即兴评述题目觉得无话可说，很大一部分原因在于个人储备中没有相关内容。

(2)系统性

针对某一方面的知识应形成一个系统，既有整体的认识，又有细节的分析，并有一定程度的概括。

(3)准确性

一个人的知识储备要正确反映事物的本质，以至于再次接触相关或相似事物时，能敏捷地抓住问题的核心。

(4)独特性

根据自己的兴趣、爱好、需要以及学习的能力，通过差异化的方式，我们可以形成与众不同的知识储备。以播音主持高考专业面试为例，考生的表现之所以难有新意，原因在于为升学而展开的学习使得考生的知识储备大致相似，自然难以提供新鲜的信息和意见。

2. 解释力与说服力

解释力是指个人知识储备在分析具体事物时表现出的合理程度和有效程度。说服力是指个人对事物的解释、对其他人的想法和行为所产生的影响力大小。解释力是说服力的基础，说服力是解释力的结果。即兴评述时，几乎所有说话者都追求语言的说服力，希望对方能听进去，有共鸣。但说服力的获得必须以解释力为基础，先加深自己对事物的认识深度，准确而有力地辨析具体事物，才能谈影响他人。否则，说服力只能是镜花水月，一场空谈。

3. 阅读是完善知识储备的重要途径

无论是通过书籍、报纸、杂志，还是当下流行的网络，阅读是完善个人知识储备，丰富间接经验的重要途径。有丰富阅读经验的人和对阅读活动有研究的人大都同意这样的观点：阅读即对话。通过阅读，我们能超越时间和空间，就各个领域的话题，“约会”古今中外的作者。长篇论著也好，短文小诗也罢，打开书本，我们既能认识各种事物，还能体悟到作者在书中流露的各种真情实感。广泛涉猎书籍文章，细致地阅读和体会，有利于开阔视野，加深思考。中央电视台新闻频道主持人、新闻观察员白岩松坦言，他每天的阅读不会少于两个小时：

“大家是否知道，我为了晚上能说，我白天在做什么。我大部分的时间都在家里，当选题下来时，我必须阅读细节，因为你骗不了观众，这是直播。这个东西问完你，你回答不出来怎么办，所以你必须有充分的准备。我白天一定是在准备，所以你在某种程度上必须是教授。”

总而言之，相对于即兴评述的言论范围，个人的直接经验总是有限的。如果不通过阅读扩充知识面，恐怕很难对具体事情形成有说服力的解释，不能从根本上改善评述效果。因此，平时要有计划地扩大阅读量和阅读范围。

4. 阅读法简介

古人云：开卷有益。但笔者认为，各人的阅读效果存在差异。造成这种差异的重要原因是阅读的方法。不少专家学者对阅读进行了研究并提出了宝贵的意见和建议。由美国学者莫提默·J. 艾德勒和查尔斯·范多伦共同撰写的《如何阅读一本书》，对阅读进行了深入的分析。其中，两位作者提到了“一个阅读者要提出的四个基本问题”：

(1)整体来说，它到底在谈些什么？

你一定要想办法找出它的主题，作者如何依次发展这个主题，如何逐步从核心主题分解出从属的关键议题来。

(2)作者细部说了什么，怎么说的？

你一定要想办法找出主要的想法、声明与论点。这些组合成作者想要传达的特殊讯息。

(3)它说得有道理吗？是全部有道理，还是部分有道理？

除非你能回答前面两个问题，否则你无法回答这个问题。在你判断它是否有道理之前，你必须先了解它整体在说些什么才行。然而，等你了解了它，如果你又读得很认真的话，你会觉得有责任为它做个自己的判断。光是知道作者的想法是不够的。

(4)它跟我有什么关系？

如果这本书给了你一些资讯，你一定要问问这些资讯有什么意义。为什么这位作者会认为知道这件事很重要？你真的有必要去了解吗？如果这本书不只提供了资讯，还启发了你，就更有必要找出其他相关的、更深的含意或建议，以获得更多的启示。

（〔美〕莫提默·J. 艾德勒、查尔斯·范多伦：《如何阅读一本书》，商务印书馆）

链接：爱阅读的白岩松

主持人白岩松有自己的阅读理念和阅读的架构体系，所下工夫很深，并且已经是长久的习惯，保持了高度的职业自觉。他既有“职业性阅读”，又有“兴趣性阅读”，还有“与时代无关的阅读”。既照顾到专业工作的需要，又让自己的思维能超越工作的局限，保持开阔的视野：

“常规的不做明细了，非常规的如《周末画报》、《外滩画报》，这两个画报是想做好媒体的人必须看的东西。《周末画报》的新闻板块与经济板块提供的观点给你思维激荡是非常大的。还有，偶尔去看看财经。至于书，就像我刚刚说的每天都要看些与时代无关的阅读，这与十年前的夜谈是有关系的。当时我去珠海做航展，钱钢当时在《南方周末》做，他和我说既有海量的阅读，但是也有连续几年的时间我只看梅林美的书，它改变了我的文字风格，我的思维方式。这个深深启发了我。每天有大量的资讯与职业阅读，但是必须有和时代无关的阅读，比如《听杨绛说故事》、《良友》中一篇关于一场十年前大火的文章等等”。

由此可见，高效的阅读必须强调读者的自觉和责任。通过问题的引导，我们能够更好地展开阅读，并对阅读的效果进行自检。而只有成为一个负责任的读者，我们才可能真的通过阅读获益。

习题 81 介绍一本书。

提示：在原有的阅读经历中，你最喜欢哪本书？你能否结合上文阅读法中介绍的“四个问题”，介绍这本书的内容，对其进行评价？要求以小组为单位，展开阅读分享。对于某一位的介绍，其他组员可以结合阅读的“四个问题”进行思考和提问。

习题 82 阅读一本书。

提示：(1)利用上文介绍的阅读法，结合“四个问题”，阅读一本书。(2)结合上文阅读法中介绍的“四个问题”，介绍这本书的内容，并对其进行评价。(3)根据你的阅读经历和效果，评价上文介绍的阅读方法，并说明理由。

习题 83 介绍阅读方法。

提示：(1)你能用自己的阅读经验，说明上文介绍的阅读法吗？(2)总结你的阅读经验，梳理你的阅读方法，展开小组讨论，一起分享新的有效阅读法。

习题 84 制定阅读计划。

提示：根据自己的兴趣、能力、需要、客观条件、时间安排等，制定一份阅读计划。要求：(1)调查身边的阅读资源，对其进行分类整合，并明确获取途径。(2)制定具体的书目，涉及多个领域，能满足自己不同方面的需要。(3)制定进度表，以便有计划地完成。(4)确定你的阅读效果、评价标准和评价方式，以便评价自己的阅读效果。

二、具有交流价值的个人经历

个人经历极其宝贵。它是个人特点的重要基础。一个人的个性很大程度上源于其不可复制的遭遇。如果平时注意记录和思考个人经历,那么,评述时就容易获得独特的视角、感受和材料。以播音主持专业面试为例,考生差不多都已成年。二十年左右的生活历程,每天增进的见闻,都是个人经历。这些经历,无疑为即兴评述展开话题提供了潜在的素材。然而,真正在评述时得到个人经历帮助的人并不多。原因在于,大量的经历已经被遗忘。而那些记忆深刻的经历,当事人因为没有思考和消化,不知如何融入话题与人交流。

我们提倡用个人经历服务于即兴评述,并不意味着任何琐碎的事情都值得交流。相反,只有通过深入的思考和体悟,才能发掘有价值的个人经历,或从个人经历中发掘有价值的部分。

1. 交流价值与交流愿望

交流愿望是指说话者主观上很想将某些信息告诉别人的愿望。交流价值是指说话者所提供的信息对对方有明显的必要性和实际的效用。交流愿望是交流的动力,交流价值是传播的基础。某人主观上希望传播某一信息,但并不意味着这一信息有交流价值。而交流中,说话者如果能深刻认识信息的价值,则较容易激发自己的交流愿望。

选择和思考个人经历,笔者认为,不能以交流愿望为标准,而应以交流价值为标准。有的人注重自己的交流愿望,"觉得很想说说某些内容",图的是评述的"快感",很少从听话者的角度考虑交流价值的问题,这就容易导致自说自话,自娱自乐。当然,有没有交流价值,是个相对标准,应结合评述的语境、对象、内容、目的灵活判断。

2. 思考是提纯个人经历的最有效途径

如何从庞杂的个人经历中,发现有交流价值的部分?笔者认为,思考是最有效途径。通过思考,个人可以筛选、梳理个人经历,加以深化,并结合需要随机提取个人经历的相关信息。

(1)筛选:思考有利于形成有意注意,帮助我们留心日常生活中有意味的生活片段和个人感受。有利于我们理解自身和环境,在反复体味中确认某些感受和心得。

(2)梳理:通过思考,我们可以梳理个人经历,让它们跟个人价值观之间形成互相吸纳的作用。这样,既开阔了眼界,又完善了个人的价值判断标准。

(3)深化:思考包括了对个人经历的反复回忆和体味。这一过程有利于我们从具体的生活片段、丰繁的感受中,找到"余味"。另外,通过思考,把肤浅的感受综合在一起,往往能够深化认识。

(4)指导:从即兴评述角度看,通过思考,我们能够更准确地展现个人经历,针对不同语境,充分挖掘其交流价值。

习题85 目的性观察

提示：根据自己的兴趣和客观环境，进行以下观察，并加以梳理和记录：(1)街头观察，记录那些你认为值得记录的片段，并说明理由；(2)家庭观察，记录家庭成员的变化，并加以说明；(3)现场观察，记录一天的交通情况、某市场情况或任何一个特定公共场所的信息，并加以说明。

习题86 自我沟通练习

提示：就自己关心的问题，与自己展开沟通，可以通过遐想、追问、自述、写作等任何健康的方式进行，并记录自己解决内心困惑的进展情况。

习题87 深度访谈练习

提示：就你关心的人或关心的问题，访问他人。比如，就某一段家族史，访问自己的祖辈；就某一个问题，访问自己的老师等。注意提前做到准备，有所策划，记录访谈的时间、地点、人物、内容等。

习题88 多样记录

提示：根据自己的兴趣和客观环境，通过以下方式，记录那些你认为有意义的事物：(1)文字(2)图画(3)照片(4)音频记录(5)视频记录。

适时地以此为素材，向他人介绍，与他人分享。

综上所述，笔者写作本节内容的目的不在于用技巧穷尽“如何进行日常自习”这一课题，而是希望我们将如何提高即兴评述综合能力放在生活的海洋里进行思考，长期准备，积累实力，而不是临时抱佛脚。如果能融会贯通，活学活用，那么即兴评述不再是能力的考验，而是展现的舞台。

第八节　临场对策

本章前七小节对即兴评述的各个方面进行了讲解和训练。为了形成整体的思路，提高综合运用能力，我们将临场综合对策概括如下：

整体把握，准确认识。
抓住细节，引发感受。
摄取角度，统帅材料。
理顺逻辑，形成架构。
强行记忆，边想边说。
根据结构，细部调整。
调稳心态，注意形貌。

一、整体把握，准确认识

拿到即兴评述材料后，如果是新闻事件，要通过梳理和概括，整体把握事实；如果是话题，要认真审题，明确题目所限定的论述范围。在此基础上，形成初步判断。见下例：

你如何看待以下事件？请自选角度，加以评述。

重庆商报报道，2009年8月9日，一名网友发帖称，在由成都开往重庆的T892列车上看到，一名30多岁的女子靠在车厢中间的隔板旁，她敞开乘警制服上衣，左手叉腰，右脚放在左脚前、踮脚歪站着，表情散漫；另一张照片中，这名女乘警已经转过身去，她撩起警服上衣露出光生生的后腰，双手在露肉的地方挠痒；还有一张照片是，一名20多岁的女乘务员歪坐在车厢内的桌子上，双腿交叉，专注地数着手里的大把钞票。这位网友声称，他在拍照时，女乘警和女乘务员都注意到了他，但没有因此收敛。

尽管有许多网民对女乘警的不雅举止表示了非议，但这种非议也并没有完全一边倒，也有网民表示同情："女乘警也是人嘛，是人总会有疲劳的时候"，而且"成渝动车组上并未设立供工作人员休息的乘务室，乘警没有休息空间"。一些网民甚至指责偷拍者是在偷窥他人的隐私。

示例：

• 事件主体

女乘警不雅举止引起公众争议，有人批评，有人同情。

• 细节梳理

(1)女乘警敞开制服上衣，左手叉腰，右脚放在左脚前、踮脚歪站着，表情散漫；(2)女乘警撩起警服上衣露出光生生的后腰，双手在露肉的地方挠痒；(3)女乘务员歪坐在车厢内的桌子上，双腿交叉，专注地数着手里的大把钞票。(4)女乘警和女乘务员发现有人关注，但没有因此收敛。

• 相关观点

(1)非议：女乘警不应有不雅举止；(2)同情：疲劳倦怠是人之常情，何况成渝动车上没有乘务室，不便休息；(3)其他：偷拍者侵犯乘务员隐私。

• 个人判断

穿制服的公务员代表政府形象。女乘警穿制服而有不雅举止，虽不是大错，但有损政府形象。提倡公务员在点滴中积累和维护政府形象。

二、抓住细节，引发感受

无论是话题评述、故事评述还是新闻事实评述，说话者都要抓住最有感受的细节，展开联想，恰当地融入情感和态度。如果不能充分激发自己的敏感，发现其中催动人心的细节，那么，思考就没有起点和落点，评述也往往是空洞的。可以说，敏锐的感受是思考的基础；思考就是对感受的深化。见下例：

根据下列材料，自选角度，展开评述，要求逻辑顺畅，时间在3分钟左右。

有一天，一位教授去请教一位禅师。禅师请教授落座后，给教授斟茶倒水。一直倒到茶水溢出杯子，禅师还在倒。这时候，教授看不下去了，提醒禅师："不要再倒了，已经溢出来了"。禅师回答说："你现在满肚子都是自己的想法，别人还能对你说什么呢？"

评述示例：

从上述材料中，我们可以抓住一些细节引发感受：比如，这位"教授"实际上代表了一个有疑惑又有学识的人。他因为疑惑而主动向他人请教，但又可能固执于自己的认识，而不能真正从请教中获益。这样的人生活中比比皆是，他们都有一个共同的特点：不是真正的虚心。从这个角度出发，我们可以联想到学习、工作、生活等各个方面，结合自己或他人的经历进行说明。比如，这位"禅师"实际代表了一个睿智又善于交流的人。从他对教授的回答中，我们联想到"清空自己"、"归零心态"等流行的说法。从他通过斟茶倒水启发心智，说明道理，我们可以联想到人与人之间的交流方式、当下的教育方法等方面的事例。

三、摄取角度，统帅材料

材料是评述的血肉，有血有肉的评述才能打动人心。评述可以联系自己熟悉的社会环境，结合熟悉的人和事，既可以是正面的，又可以是反面的；既可以是古今中外名家名人的，又可以是自己的和身边人的，有感而发，入情入理。当然，运用材料的前提是先摄取角度。在视角明确的情况下，才可能知道需要哪些材料，避免漫无边际的想象。见下例：

"阳台"、"盲人"、"辞别"，请用上述三个词说一个故事。

示例：

(1)视角：

- 抗日战争时期，母亲送儿上战场的故事。
- 千千万万像她一样隐忍而坚强的母亲和那些烈士一样，都是中华复兴的力量。

(2)细节：

- 战争时期，她是两个青年的母亲。
- 她与大儿子辞别，在阳台上目送大儿子走向战场，不久，却接到他阵亡的噩耗。
- 她在痛苦中哭瞎了眼睛，成了一名盲人。
- 然而，她没有阻止二儿子走向战场。
- 对于她来说，战争岁月，只有辞别，没有团聚。
- 她天天站在阳台上，好像在向远处眺望。邻居问她等什么呢。盲人母亲说，盼儿子平安回来。

- 后来，二儿子也阵亡了。
- 可是，她依然每天守在阳台上。有人不解，她却平静地说道："有儿子，盼儿子；儿子没了，就盼抗战胜利。只要胜利了，我儿子就没白死"。

四、理顺逻辑，形成架构

在整体把握，明确视角和材料的基础上，确定观点和评述的层次，明确材料运用的位置和说明的内容，形成提纲式的腹稿。这在前面的章节已经做了详细的分析，故不再赘述。

五、强行记忆，边想边说

一旦确定了提纲，就要遵循"先总后分；先观点，后材料"的原则，反复记忆。评述时，要边想边说，顺着逻辑线索往下阐述，切忌写好再背。这有利于大脑处于活跃状态，产生新的思想火花，使即兴评述增色。评述时，要放松说话，注重交流，切忌"演讲调"。偶有重复、不顺畅以及个别词语不太准确，在即兴评述中都是正常现象，总体上言之有物、言之有序，有交流感即可。

六、整体把握，细部调整

评述时，心里始终要存着整体架构。如果出现被打断、追问、时间不够以及细节错误等情况，说话者可以根据结构及时调整。笔者认为，在一次评述中，根据需要进行部分调整是容许的。但一般情况下，不能在评述的半途推翻之前的整体思路重新再来。

七、调稳心态，注意形貌

即兴评述的表现与说话者的心理状态有直接关系。(1)说话时要放松。一旦出现心理紧张，我们不妨通过自问引导注意力转向内容："我的观点是什么"、"分几个层次"、"为什么这么分"、"我有材料可以说明吗"、"我为什么要说服对方"、"我这么说可以说服对方吗"等。评述时出现问题，不要轻易表示："我不知道说什么"或者"我能不能不说了"。不妨重新回到结构，整理思路。(2)说话时要自信。说话者可以在内心反复明确评述的目的、观点、层次、材料，让自己心中有数，激发说话的愿望和交流的热情。(3)说话者要稳健。体态端正大方，形体自如，表情自然，娓娓道来，不可手舞足蹈，不可疾言厉色，避免过于戏剧化的表现方式。

八、临场综合对策示例

新闻背景：

据《华夏时报》报道，北京科技职业技术学院贫困生武玉杰由于代同学买火车票获利被铁路警方刑拘。校方确认武玉杰是在代同学买票，而铁路方面认为武玉杰的行为属倒卖车票。如果铁路警方对武玉杰作出刑事拘留的正式处罚的话，那么根据校规武玉杰将面临被开除的危险。

报道说，武玉杰是一名从安徽农村来京求学的贫困大学生。2005年，他曾因家庭贫困欠下2000多元住宿费而被学校“清理”出学生宿舍。辗转之中，他依然坚持求学。而他成为“票贩子”的罪证就是他确实是给同学买票了，而且每张票收取5元的辛苦费。

（白龙：《播音主持专业高考面试题解》，中国传媒大学出版社2007年8月）

综合分析：

1. 整体把握，准确认识

贫困大学生代同学买火车票，收取5元钱。铁路方面认为其行为属倒卖车票。

2. 抓住细节，引发感受

细节1：北京科技职业技术学院贫困生武玉杰由于代同学买火车票获利被铁路警方刑拘。成为“票贩子”的罪证就是他确实是给同学买票了，而且每张票收取5元的辛苦费。

【感受】违法属实，但没有恶劣犯罪动机，没有抬高票价等恶性行为。

细节2：如果铁路警方对武玉杰作出刑事拘留的正式处罚的话，那么根据校规武玉杰将面临被开除的危险。

【感受】合法理，但是从情理上来说，从教育和帮助武玉杰的角度来说，这是很多人所不愿看到的。

细节3：武玉杰是一名从安徽农村来京求学的贫困大学生。2005年，他曾因家庭贫困欠下2000多元住宿费而被学校“清理”出学生宿舍。辗转之中，他依然坚持求学。

【感受】武玉杰的艰难求学路令人同情和感佩，他是一个坚强的年轻人。学校的做法虽有其无奈之处，但未免太决绝。如果早就有人向武玉杰伸出援助之手，武玉杰还会陷入说不清的“倒票”泥淖吗？

3. 摄取角度，统帅材料

角度：妥善处理法理与情理。

材料：以上三点主要细节。

4. 理顺逻辑，形成架构

法理：有偿代购的确违法。

情理：经济贫困，为求学不得已而为之。依法处理，还要依情帮扶。

5. 强行记忆，边想边说

强行记忆以上内容。表述时，边想边说，不可背诵。

6. 根据结构，细部调整

如果在表述中出现偏误，可以根据整体的思路，做细微的调整。比如，可以在结尾处补充："刚才，谈到……我提到了……，这个说法不太妥帖，其实我的意思是……"

7. 调稳心态，注意形貌

表述时，体态大方，动作自然。明确任务，集中注意力在内容上。

评述示例：

武玉杰的经济窘境令人心酸。他有偿代同学购票，确实为生活所迫，并且绝无抬高票价等恶性行为，有别于"黄牛党"。但另一方面，按相关法规的界定，他在铁路运输的高峰有偿代购，的确构成了犯罪。罪证确凿，又正值打击票贩子的关键时期，武玉杰受到处罚的可能性很大。

中国一向重视人才，因此，大学生犯罪如何判罚总能成为新闻热点。这反映出在人情社会里执法的尴尬。而我认为，法归法，情归情，在帮助大学生成长的道路上，法律要以其严明来培养合格的公民。即便是面对武玉杰这样的特殊情况，在法律面前也不能糊涂断案。

不过，武玉杰的生活窘境以及人们对武玉杰的担心也不容忽视。他因为没有钱交住宿费而被清理出校舍；为了继续求学，又一脚踏进了说不清的倒票泥潭。武玉杰求学路上的艰辛令人唏嘘。但愿，在执法的同时，相关单位能及时帮助这个贫困但坚强的年轻人。如果说处罚是出于司法尊严，那么对武玉杰的必要帮助则是社会对其公民的一份责任。但愿，武玉杰这是最后一次倒票，也不会第二次被"清理"出学校寝室。

习题 89　阅读以下材料，准备 10～15 分钟，结合材料，自选角度，展开评述。要求逻辑通顺，自圆其说，时间在 3 分钟左右。

由北京市海淀区邮电局联手中国国旅，面向高校学生开展的"一封亲笔信孝心天下行"公益活动，5 月 21 日在中国农业大学启动。

作为"大学生心理健康月"活动中的一项公益活动，大学生可以在明信片上，亲手写下对父母饱含深情的心里话和美好祝愿，并通过邮局寄给父母和远方亲朋好友来表达感恩答谢之情。

目前，首批两万枚邮资明信片已经分别送到学院路地区的 8 所高校学生手中。

（新华网北京频道 2010 年 5 月 23 日）

习题 90　阅读以下材料，准备 10～15 分钟，结合材料，自选角度，展开评述。要求逻辑通顺，自圆其说，时间在 3 分钟左右。

日前，天津教育科学研究院通过网络进行了一项题为"国学，你到底离我们有多远"的调查，抽样调查了本市 1500 多名大学生。统计显示，82.9%的调查对象认为开设国学课是有必要的。

在天津师范大学，由该校文学院院长赵利民开设的"儒家文化与当今世界融和"等选修课，每节课都是场场爆满，其中三分之二是理工科学生。"曾有一位学生告诉我，他在求职时面对考官提出的关于《论语》《诗经》的考题，不知如何作答。”赵利民坦言，“其实，大学生不仅十分喜爱国学，而且常以古训明志，激励自己解决在求学、求职中所遇到的难题。在他们心中，学习国学成为一种追求自身素质提高的需要。”

目前，本市高校中，只有南开大学、天津财经大学、天津科技大学三所高校，将大学语文列为不分文理的全校基础必修课，讲授包括中华传统文化等内容的人文、历史类课程。其余高校则均以选修课的形式出现，但是在传统理工科高校，相关选修课程数量并不多，有的甚至只有一两门，一旦选修人数报满，同学们就只有等到下学期再报名学习了。

（《渤海早报》2010 年 6 月 16 日）

习题 91 阅读以下材料，准备 10～15 分钟，结合材料，自选角度，展开评述。要求：逻辑通顺，自圆其说，时间在 3 分钟左右。

据中国之声《新闻纵横》7 时 46 分报道，“由于世界杯期间正值英语四六级考试和期末复习考试阶段，为了维护学校的正常教学和生活秩序，学校决定自 6 月 11 日起至赛事结束，学生公寓熄灯以后校园网络也将暂停使用。”这是西南财经大学前天公布的一则通知，有热心的网友四处打听，收集了国内 10 多所著名高校对待收看世界杯的措施。

西南财大的规定普遍遭到了网友的反对，而南京大学的措施则受到追捧：校方为了能让同学们能在网上收看高清世界杯赛，决定分期分批对校园网进行升级调整。网友们纷纷感慨：“都是大学，差别咋就这么大呢？”

链接：2006 年，四川大学也曾经因为类似举措引来学生的抗议。

（中国广播网 2010 年 6 月 13 日）

本章小结

本章较为详细地阐述了即兴评述所涉及到的主要方面，包括素材积累、思辨能力、结构思路、语言组织、交流意识、评述状态、日常自习以及临场对策。第一章阐述了即兴评述所包含的不同能力要素。本章所列八项就是对不同能力要素的专门训练。每一专项都说明了训练的意义，点拨了训练的思路和方法，安排了有针对性的内容。只有全面深入地加强训练，“应激”与“累积”并举，才能夯实即兴评述的基础。

思考与练习

习题 92 你认为有必要进行素材积累的训练吗？对于选材和解析材料，你认为本文提供的方法有效吗？你有自己独立的方法吗？你有自己的素材库吗？

习题 93 你如何理解价值思维？你能运用价值思维思考和判断事物吗？

习题 94 你如何理解批判思维？你能运用批判思维思考和判断事物吗？

习题95　除了本文介绍的六种思维方式，你还有什么思维的诀窍吗？

习题96　在即兴评述训练和测试过程中，你留意过自己的思维方式吗？结合你的实际经历，谈谈思辨能力的训练对改善即兴评述效果有何作用？

习题97　即兴评述准备过程中，你是如何结构思路的？请你比较“提纲挈领”与“写好再背”两种准备方法的优劣。

习题98　你在即兴评述语言组织方面，遇到了哪些问题？你找到问题的症结了吗？

习题99　请你制定个性化的语言组织训练进度表。

习题100　你认为什么是交流意识？什么是对方意识？什么是受众意识？你在交流的过程中遇到过缺乏交流感的问题吗？如果有，你如何看待和分析这些问题？你找到改进的方法了吗？

习题101　你注意过自己的评述状态吗？在这方面，你有问题和困惑吗？如果有，你找到改进的方法了吗？

习题102　你打算如何安排日常自习，以提高自己的即兴评述能力？

习题103　本文提供的临场综合对策对你有帮助吗？关于临场对策，你有自己的高招吗？

第三章　分类指导　提高能力

第一节　即兴评述测试综述

即兴评述是播音与主持艺术专业面试的常规项目。它是相对于稿件播读而设立的考查项目，二者最明显的区别在于，稿件播读的内容是现成的，而即兴评述的内容则需要考生自己准备，并独立完成话语组织。从形式上看，即兴评述叙述与议论夹杂，准备时间一般在10～15分钟之间，评述时间一般控制在2～3分钟，要求观点正确、逻辑清晰，言之有物，语言顺畅。它相当于作文中的议论文，只不过是以口头形式完成的。对于即兴评述，不少考生在备考与应考中有畏难情绪。根据笔者观察，考试时，每年都有一部分考生无法顺利完成这一环节，有的甚至不知从何下手，只是匆忙说上一两句话就离开了考场。其实，大多数院校的即兴评述考题并不求难求怪，所涉及内容基本都在考生的知识水平和接触范围之内。比如：

(1)你如何看待代沟？

(2)假如你是一名贫困生，你准备如何度过大学生活？

(3)你如何看待志愿者，如果可以，你想成为一名什么样的志愿者？

试题中的新闻事实，平日关注新闻和社会现实的考生一般可能也看到或听说过，比如，以下这条消息：

21年前，37岁的广西博白县一名村民李异宏无奈欠下众村民“巨债”28757元，他挨家挨户拍胸脯保证，这笔钱一定能还上。为了信守承诺，他和妻子白天砍柴打草，晚上做木工、扎扫把，21年来还债不止。据悉，因为他每当自己手头有点钱，就赶紧还给急需钱用的村民，根本就没有本钱来做其他生意。其坚持还债21年的举动，使得当地人们在谈起他时，无不竖起大拇指，夸他是条汉子，重情义守信诺。

（10658000手机报2010年5月15日）

另外，试题也常涉及到一些所招考专业方面的问题，比如：

(1)请介绍一位你欣赏的电视节目主持人,并说明你欣赏他(她)的理由。

(2)你所熟悉的电视综艺娱乐节目都有哪些?你认为成为电视综艺娱乐节目主持人需要具备哪些基本素质?为什么?

(3)如果有机会,你希望成为哪类节目的主持人?为了更好地完成这项主持工作,你认为需要加强哪些方面的能力?为什么?

客观地说,在选材上,考官无意刁难考生。诸如以上题目,考生不至于无话可说。

既然考试的内容属于考生应知与可知的范畴,为何许多同学在应考时仍不知所措,无从下手呢?笔者认为,一方面是考生平日不注意综合素质的培养,对社会现实缺少关心,独立思考能力或语言文字能力达不到考试的要求。另一方面,恐怕很多考生不是很了解何谓"即兴评述"。观念上不完整、不准确,训练和准备的方法自然不可能很得当。"知己知彼,百战不殆"。只有深入了解即兴评述测试,才可能有针对性的准备,从而改善学习效果,破除畏难心理,发现并利用其中的规律,切实提高能力,解决难题。

需要提及的是,一些同学眼睛仅仅盯着应试,急于获得"包治百病,一劳永逸"的技巧和捷径,甚至去背一些小评论,试图"以不变应万变",而不愿意一点一滴扎实学习,这种不切实际的想法恐怕会贻误自己。何况,仅从考试来看,投机取巧的小儿科不但不能取悦考官,反而暴露了自身的能力缺陷,影响成绩。笔者认为,考试不应该是学习的终点,通过考试获得的是深造的机会。考前准备应该为未来的专业学习,甚至以后的专业工作打下扎实基础。也就是说,考生应该以备考和应试为契机,扎扎实实提高能力,不但解决一次考试的问题,而且真正把握其中的规律,夯实基础,作长远打算。

接下来,我们分类对考题进行介绍,并对考题普遍涵盖的考点进行必要的说明,帮助考生逐步深入,真正拿下这一难题。

一、考题简介

每年的播音主持专业考试中,差不多每个专业院校都有即兴评述方面的考查。常见的题目有话题评述、事实评述、连词成话、成语反说、主题讨论、考官提问等。因为话题评述、事实评述、连词成话、成语反说都是根据既定命题独立成篇地完成一段话,为了节约篇幅,下文将它们全部归入命题评述。另外,考试中常见的模拟主持,其实含有大量的即兴评述因素,是变相的即兴评述题目。自我介绍虽然可以事前准备,但就笔者的经验而言,很多考官往往会打断考生的叙述而加入追问,这样增加了考试的即兴因素,本书也一并纳入讨论。

1. 命题评述

命题评述是出现频率最高的考题,包括有话题评述、事实评述、连词成话、成语反说、故事接续等,其特点是根据试卷所提供的词语、话题、事实、故事等,按照要求,独立成篇进行评述，无需形成节目形态，一般也不夹杂当场交流。比如：

(1)皇帝、乡民、望远镜。请根据所提供的词语说一段有意义的话，要求用上词语，逻辑连贯，自圆其说，时间在3分钟左右。

(2)2010年上海世博会的主题是“城市让生活更美好”。你对此作何理解？要求逻辑连贯，自圆其说，时间在3分钟左右。

(3)请对以下命题进行阐述：狐假虎威，有何不可？要求逻辑连贯，自圆其说，时间在3分钟左右。

(4)请从“他张大了嘴，露出一副惊讶的表情”开始，往下说一个故事，要求情节合理，时间在3分钟左右。

(5)请对以下新闻事实进行评述，要求逻辑连贯，自圆其说，时间在3分钟左右。

生活在象牙塔中的大学生，幸福指数有多高？昨日，中国地质大学(武汉)公布的一项调查给出的答案是：平均幸福指数3.28(5分制)。就业、学习压力以及男女情感困惑成为大学生心中最大的“三道坎”。

这项由该校学工处《学园生活》杂志社发起的武汉首份针对大学生幸福指数的调查，共向该校11个院区及研究生院发放1000份问卷。结果显示：就业压力让大学生最困扰，高居调查中列出的12项大学生生活问题榜首，占到总数的14%；学习压力其次，占11%；情感问题占7%。

关于就业，20%的受访大学生称“就业压力很大，感到前途渺茫”，36%的人觉得“就业压力大，担心找不到一份好工作”。女生存在的问题明显比男生严重。从年级上看，研究生到大一学生，就业压力依次下降。

2. 主题讨论

部分院校在专业测试中加入了主题讨论。测试时，一般由一组6～8个考生共同完成，要求考生就某一概念或现象先各自独立发表1分钟左右的个人观点，然后进行5～10分钟的集体讨论。如：

(1)请谈谈“君子慎独”。

(2)有人认为，不会娱乐的人就不会工作。请就此命题发表看法，并进行讨论。

3. 考官提问

考官提问作为考题一般安排在初试环节，目的是对考生的声音、语音、口齿、思维、语言、举止以及必要的个人信息做一般性考查。所设问题根据考查目的各有侧重，侧重考查声音、语音、形貌的，常识性问题较多，开放性问题较多，目的是让考生说一段话以便测试语音，一般不难回答；侧重考查思维和知识储备的，问题涉及的知识面较广，逻辑性较强；侧重了解必要的个人信息的，问题多关于考生的个人情况。另外，考官提问也可以不作为考题而作为考试形式进入专业面试。只要考官出于测试目的，时间允许的情况下，可以进行提问和追问。具体题目如：

(1)你在学习之余,都有哪些爱好?

(2)俗话说,逆境成才。如果是这样,难道所有逆境中的人都能成才吗?那些生活在顺境中的人难道就不能成才了吗?他们该怎么成才呢?

(3)广播和电视你更了解哪一种?你接触比较多的是哪种类型的节目?

(4)你刚才提到,你赞成这一观点,是因为你个人的经历能证明它是正确的。可是,这是否会是你个人的偏见呢?能不能再提供一两个别的例子?

4. **模拟主持**

模拟主持要求考生根据材料,以节目的形态,并以主持人的身份和方式,介绍信息,阐发意见,其即兴评述因素非常明显。模拟主持一般出现在复试阶段,是一项涉及考生多方面素质的综合测试。如:

根据以下材料,自设栏目,以主持人的身份介绍《教育孩子的五个步骤》。

(1)教育从理解开始。在漫长的人生路上,每个人都会有许多事不能如愿以偿。心理素质好的豁达开朗,沉着应对,于是成功了。就像一个木桶,它的盛水量,不取决于最长的那块木板(智商),而取决于最短的那块木板(情商)。

(2)改变家长自身。孩子们的爱,常常表现在细微之处,她或许不像100分、奖杯那么现实,但却是人生路上的丰碑,是父母亲辛苦付出后最殷实的收获。

(3)关于孩子心灵的成长。培养"有创造性的想象力"。那些"很棒"的孩子,很有创造力的孩子,身边都有一个"善解人意"的妈妈,或本身就有创造能力的爸爸。

(4)给孩子一个独立和自信的世界。美国的心理学家曾对150名很有成就的人的性格进行过研究,发现他们都具有三种优秀的品质:一是性格上具有坚韧性;二是善于为实现自己的目标不断进行成果的积累;三是很自信,不自卑。

(5)发掘孩子潜能。光说不练,不会成功。父母一切替孩子代劳,孩子不会长大。成功人士的出类拔萃,是因为他们深知"实践出真知"的魔力。

(新华网)

5. **自我介绍**

自我介绍可以提前做准备,看似与即兴评述无关。但是,在即兴评述中纳入自我介绍自有其理由和益处:首先,很多院校并不明确写有自我介绍题型,但是进入考场,考官往往会要求考生简单介绍自己。这种临时要求,对于没有准备的同学,无异于评述测试。其次,虽然考生可以做好准备,但是进入考场常被考官打断并追问,这其中就夹杂许多即兴评述的因素。另外,从练习角度来说,能够准确、得体地介绍自己,可以把它视为评价其他事物的基础。一个人连自己都不了解,介绍不好,何以评述其他事物呢?为了更全面地反映专业测试中的即兴评述因素,也为了更好地满足考生的学习需要,我们将自我介绍作为一种题型进行阐述。具体题目如:

(1)自我介绍题:请做自我介绍,时间不超过一分钟。

(2)相关介绍题："请介绍一位家庭成员"、"请介绍一位印象深刻的老师"、"简单介绍自己的家乡"。

以上是播音主持专业考试中，常见的含即兴评述因素的五种题型。根据上面的介绍，不难发现即兴评述测试具有以下特点：

1. **形式多样**

常见的形式有话题评述、事实评述、连词成话、成语反说、故事接续、成语反说、看图说话等。另外，考官提问、主题讨论、模拟主持、自我介绍等，通过特别设置，同样含有很明显的即兴评述元素，可以起到测试目的。

2. **题材纷繁**

常见的题材包括新闻时事、社会热点、当年流行词、故事、常见的成语典故、内涵丰富的图画和表格、各类材料杂陈组成的主持材料或者考官临时提出的问题。应该说，即兴评述的题材比较宽泛。

3. **目的不同**

宽泛地讲，在即兴评述测试环节，考官可以考查考生的知识水平、思辨能力、结构手法、语言组织和表达能力、评述的状态、语音、声音、形貌以及心理素质等各个方面，只要是即兴评述能够承载的，又与播音主持专业相关的内容，都可以成为考查的着眼点。但是，不同的院校、不同的考官又各有侧重。有的看重语言能力，有的则侧重于评价思辨能力，不一而足。当然，侧重某一方面，并不是就考虑某一考点。何况，各个考点之间还存在内在关联，比如语言组织有严重问题，势必也反映出了考生的逻辑思维能力和结构手法方面的不足。从考生表现来说，任何一项明显缺陷都会影响评价。因此，考生应整体提高自身能力。

4. **比重各异**

即兴评述测试更偏向于考查考生的思辨能力、语言组织能力等，并非是万能测试工具。因此，各个院校会根据自身的培养目标，调整即兴评述在整个评价中的比重。

二、考查要点

即兴评述的考查虽然形式多样、题材纷繁、目的不同而比重又各异。但是，此项考试所涉及的考查点具有共性。一般而言，即兴评述主要用于考查考生的语言组织与表达能力、思辨能力，通过即兴评述还可以了解考生的知识储备和心理素质。另外，虽然不是考查重点，但是作为播音主持专业面试的一环，即兴评述也伴随着声形体态考查的功能。具体考查要点如下：

1. **语言组织与表达能力**

语言组织与表达能力是从事播音主持工作的基本功，也是专业面试考查的重点。有的考生稿件播读较好，但是一旦脱稿评述，语言就显得零散、磕巴，缺乏逻辑，内容又空泛。通过即兴评述，考官可以直观地考查考生即时组织语言和表达的情况。

2. **思辨能力**

思辨能力包括了理解力和思维方式。考生在即兴评述中传递的观点，材料的运用以及语言的条理和层次都与其思辨能力直接相关。下面是一位同学以“我最喜欢的节目主持人”为题说的一段话：

我是一个电视迷。每当周末的时候，我都会守在电视机前，把频道锁在《幸运52》和《非常6＋1》这两档节目上。因为，我深受主持人那独特主持风格的吸引。想必说到这儿，大家已经猜出他是谁了。对了，他就是现在当红的节目主持人李咏。李咏主持时，总能和观众打成一片。他的谈吐幽默、诙谐，我想这也是每个主持人都应具备的条件。这也正是我喜欢他的原因。

在这段话中，他略加铺垫引出了自己最喜欢的主持人——李咏，并说明了自己喜欢他的原因——与观众打成一片并且谈吐幽默诙谐。应该说，通过他的回答，考官基本可以肯定他的逻辑是完整的。但是，就独立成篇的评述来讲，主次安排不很妥帖。依据题目就可以发现，评述应在表明是谁的基础上，重点阐述喜欢的原因，这位同学若能提供一些细节就更有说服力了。另外，话中提到“他的谈吐幽默、诙谐，我想这也是每个主持人都应具备的条件”。这种推论显得过于武断、轻率，因为主持人的风格会受到节目内容和形态的制约，不能一概而论。如果在“主持人”前面加上“综艺娱乐节目”这个限定词就确切了。总之，“语言是思想的直接体现”。通过语言表达，考官可以较为确切地了解考生的思辨能力。

3. **知识储备**

即兴评述也较为直观地反映了考生的知识储备情况。知识储备较为丰厚的考生不但能熟练分析材料，并且能在评述中旁征博引，加入有价值的信息。而有的考生则表现出对材料和命题的陌生感，评述时只能就事论事，甚至有考生对于考题一无所知，无从下手，这无疑说明了其知识储备的不足。以上面这位同学的评述为例，他之所以能对李咏的主持风格有所概括，应该与他之前的收视经验有很大关系。

4. **心理控制能力**

即兴评述测试是对考生心理控制能力的极大考验。一方面，考生身处考场，面对陌生的环境和陌生的考官表达自己的意见，极易引起紧张心理。同时，考生还要在较短的时间内，独立思考，完成内容组织和语言表达，考试难度无疑加剧了考生紧张心理。此时考生是否能从容完成考试，很大程度上反映出其心理控制能力。

5. **声形体态**

声形体态虽不是即兴评述环节的测试重点，但是与其他语言表达环节一样，即兴评述环节直观地反映着考生的语音面貌、声音条件、用声情况、表达方式、行为举止、表情动作等方面的情况。评述时，考生的衣着、相貌、体态、动作和表情也都可以一并评测。值得注意的是，很多考生在评述时，甚至在回答考官提问时，仍然沿用朗诵的用声和表达方式，不像说话，更像“背书”，显得拘谨可笑。仍以上面的“我最喜欢的节目主持人”评述为例，落在书面上，这位同学的评述较为通畅，但如果他在表述时却仍是“念调”，不能松弛地交谈，自然地表述，听众也就难以体会其喜爱之情。也就是说，即兴评述可以和朗诵一起，各有侧重地考查考生因情因境用声和灵活处置语言样态的意识和能力。

第二节　命题评述

命题评述是播音主持专业面试中最常见的即兴评述题型，通常要求考生发表 3 分钟左右独立成篇的言论，既包括话题评述，也包括事实评述。

一、考查要点

1. 口语组织能力

通过命题评述可以较为深入且直观地考查考生的语言素养。与朗诵考试相比，命题评述侧重于考查即时语言组织能力。

2. 思辨能力

考试所提供的题目和材料只起到引起作用，考生具体怎样把握材料，能否形成思路，如何自圆其说，需要自己理解、创造和谋划。因此，命题评述还可以考查考生的短时思辨能力。

3. 知识储备

命题评述所提供的材料较为简短，有时仅仅是若干词语或一两句话。若要评述饱满可信，考生需要调动知识储备，增补信息。

4. 心理素质

应考环境中的各种因素都可能影响考生的心理稳定。能否自我调整，克服消极心理，从容自如地完成考试，都需要考生有良好的心理素质。

5. 形貌气质

命题评述环节，一般须录像。因此，考生在提供高质量的内容和表达的同时，体态须端庄，表情须自然，眼神有交流，镜头前的状态要积极。

二、常见问题辨析

1. 想不到

命题评述练习与考试时，常有同学表示想不到，无话可说。笔者认为，想不到的原因主要是知识储备不足。考题的内容一般都照顾到了考生的水平和接触范围。考生如果对考题内容不熟悉，说明其平时储备太少，低于一般水准。

解决这一问题关键在于平时加强积累。其次，考生要在审题上下工夫，发散思维，寻找突破。

2. **想不全**

想不全主要指考生对评述材料把握不全，对不同观点思考不全，对相关素材使用不全等。想不全主要出于以下原因：(1)思维不够精准。考生无法照顾到各个方面，实质上是因为自身对于关键问题的思考不够准确。(2)思维不够缜密。考生粗心大意，对于相关方面考虑不周。(3)心理语言单位太小。想到开头顾及不到结尾，想到结尾顾及不到开头，想到一点又顾及不到其他。

解决想不全的问题，考生首先要在思辨能力训练上下工夫，提高逻辑思维的能力。其次，要多看多想，扩大心理语言单位。

3. **想不妙**

有的考生在评述时，依赖惯性思维，表达着空洞的想法。解决这一问题，考生可以结合考题，激发感受，展开联想，既可以观点出新，也可以视角出新，材料出新，语言出新。

4. **说不出**

有的考生进入考场后，突然脑子一片空白，不知道该说什么；或者支支吾吾，胆怯不敢说。究其原因，一方面可能是因为过分紧张而造成暂时性遗忘，记不起准备的内容；另一方面是语言组织能力太弱，无法即时组织语言表达想法。

解决说不出的问题，考生需要加大平时练习的量，在练习中解决心理问题，提高语言组织能力。

5. **说不清**

说不清的现象表现为：(1)无法及时准确地用语言表达想法，重复和调整的次数太多。(2)缺乏条理，越说越乱。说不清的问题首先反映了考生思维的条理性和稳定性不好，不能有层次有重点地分析问题，无法用语言稳固思维。另外，也说明其语言素养不高，表达能力不强。

解决这一问题，要强化思辨能力和语言组织能力的训练。

6. **说不准**

说不准主要表现为：(1)审题有误，回答偏颇。(2)概括有误，要么刻意拔高，要么缺少总结。(3)材料运用有误，不足以说明问题。

解决说不准的问题，关键在于要提高判断能力以及语言运用的准确性。

7. **心慌不定**

缺乏稿件依托又面临被评价的语境，大部分考生在命题评述环节都感到紧张。其实，紧张是正常表现，而且适度紧张反而能激发积极的表达状态。但有的考生过度紧张，脑子空白，慌慌张张，气浮声飘，严重影响表达和交流，这就需要克服。

心慌不定是心理问题，因此，改变应着眼于观念和心态。考生首先要主动了解考试的基本情况，熟悉考试，做到心中有数；其次，调整心态，明确任务，带着任务上场，稳定注意力。

8. **消极泄气**

消极泄气是过度紧张导致的放弃心理，内心从“怎么办”转化为“不在乎”。这种情况，看似不紧张，但类似压抑松懈的心理，使得考生在评述过程中状态松散，无法积极思考，表达缺乏热情和感染力，不利于正常发挥水平。

解决这一问题，考生首先要认识到考试的重要性，然后认真分析，寻找对策，结合内容调动思维，稳定注意力。

9. **过于敏感**

过于敏感是指在评述过程中，考生对于考官的反应以及来自考试环境的任何变化都极为敏感，总在关注考官表情，担心自己的表现。对于考试过程中的打断和提问，不能集中精力回答，而是揣测打断和提问的原因。存在这类问题的考生需要调整心态，集中注意力在考试内容上。

10. **材料评述收不拢**

这是指评述新闻事实时，考生因陷入材料的叙述或细节的论证而无法收拢观点。解决这一问题，考生应在平时加强集中思维的训练，强化概括和判断的能力。

11. **话题评述展不开**

这是指评述某一话题时，考生无法分层次从不同方面进行解释，或者无法对观点进行详细的阐述，缺乏有说服力的事实。解决这一问题，考生要做足日常储备，这样才能灵活发散思维，提高分析问题的能力。

12. **日常储备用不好**

这主要指有的考生日常储备较为丰富，见闻颇广，但评述时却东一句西一句，只会堆砌材料，显得琐碎。出现这种情况，主要原因是考生对材料缺乏深入的思考，没有恰当地建立材料与观点之间的关系。因此，考生平时不但要多听多看，还要多想。

三、思路点拨

1. 找准原因，对症下药，勤于练习

为了提高能力，改善命题评述效果，考生首先要深刻认识和分析个人存在的问题，对症下药。上文只罗列了常见现象和问题，对于个别性的问题，考生要自己再做分析和总结，以便有针对性地解决问题。找准问题和对策后，还要反复训练，通过实践提高能力。

2. 先想后说，边想边说

“先想后说，边想边说”是说话的基本规律，如果“不想就说”，就会出现“磕巴”、“重复”等现象。如果追求“即兴”，为显示敏捷“拿了就说”，又会言不及义。考生拿到命题评

述的题目和材料后，一定要先理清思路，然后再落实于口语表达。口语表达过程中，要“边想边说”，既传递思考的结果，也说明思考的过程，防止“背诵”，要自然地交流。

3. 先抓主旨，再下判断；先成架构，再想字句

构思时，宜“先抓主旨，再下判断；先成架构，再想字句”。面对话题和事实材料，考生需要在熟悉内容的基础上，抓住主旨，明确语言目的。以此为基础，作的判断通常才更可靠，更有说服力。从构思的过程来看，考生最好先整理出结构，如果有时间再考虑遣词造句。如果局限于细节之中，评述就会偏颇和散乱。

4. 从感受入手，理性思考；从整体出发，细节落实；从此事出发，引动储备

“从感受入手，理性思考”提倡考生从个人真实感受入手进行追问：“我的感受是什么”、“我为什么会这么想”、“我的这个标准适用于这一命题吗”、“我的结论经得起他人的检验吗”……用理性的思考去梳理感受，这样既是肺腑之言，又不失准确性，条理也会更清楚。其次，考生要先有整体的判断，明确观点，形成整体的思路和结构，然后再一点点条分缕析地划分层次，并让材料归位。不要先从材料如何使用开始，因为整体不明确的情况下，对材料的判断往往是片面的。这就是“从整体出发，细节落实”。最后，“从此事出发，引动储备”是指考生从材料所提供的事实出发，结合相关相似材料加强说明，充实观点。

四、案例分析

《认识的人，了解的事》

柴静

十年前在从拉萨飞回北京的飞机上，我的身边坐了一个50多岁的女人。她是30年前去援藏的，这是她第一次因为治病要离开拉萨。下了飞机，正下着很大的雨，我把她送到了北京的一个旅店里。过了一个星期我去看她，她说她的病已经确诊了，是胃癌晚期。然后，她指了一下床头的一个箱子。她说：“如果我回不去的话，你帮我保存这个”。这是她30年当中走遍西藏各地，跟各种人——官员、汉人、喇嘛、三陪女交谈的记录。她没有任何职业身份，也知道这些东西不能发表。她只是说，100年之后，如果有人看到的话，会知道今天的西藏发生了什么。这个人姓雄，拉萨一中的女教师。

五年前，我采访了一个人。这个人在火车上买了一瓶1.5元的水，然后他问列车员要发票。列车员乐了，说：“我们火车上自古就没有发票。”这个人就把铁道部告上了法庭。他说：人们在强大的力量面前总是选择服从。但是，今天如果我们放弃了1.5元的发票，明天我们就可能被迫放弃我们的土地权、财产权和生命的安全。权利如果不用来争取的话，权利就只是一张纸。他后来赢了一场官司。我以为他会和铁道部结下“梁子”，结果他上了火车之后，在餐车要了一份饭，列车长亲自把这个饭菜端到他面前说：“您是现在要发票呢，还是吃完以后我再给您送过来？”我问他，你靠什么赢得尊重？他说,我靠为我的权利所做的斗争。这个人叫郝劲松,34岁的律师。

去年我认识一个人,我们在一起吃饭,这个60多的男人说起来丰台区一所民工小学被拆迁的事,他说所有的孩子靠在墙上哭。说到这儿的时候,他也动感情了,他从裤兜里面掏出一块皱皱巴巴的蓝布手绢,擦擦眼睛。这个人18岁的时候当大队的出纳,后来当教授,当官员。他说,他做所有这些事的目的只是为了想给农民做一点事。他在我的采访中说到,征地问题给农民的不是价格,只是补偿,这个分配机制极不合理,这个问题的根源不仅出在土地管理法,还出在1982年的宪法修正案。在审这个节目的时候,我的领导说了一句话,这个人就说得再尖锐,我们也能播。我说为什么?他说,因为他特别真诚。这个人叫陈锡文,中央财经领导小组办公室主任。

七年前,我问过一个老人,我说你的一生已经有过很多挫折,你靠什么保持你年轻时候的情怀?他跟我讲有一年他去河北视察,没有走当地安排的路线,在路边发现了一个老农民,旁边放着一副棺材。他下车去看,那个老农民说因为太穷了,没钱治病,就把自己的棺材板拿出来卖。这个老人就给了他500块钱拿回家。他说,我讲这个故事给你听,是要告诉你,中国大地上的事情是无穷无尽的,不要在乎一城一池的得失,要执著。这个人叫温家宝,中华人民共和国总理。

一个国家是由一个个具体的人构成的,它由这些人创造并且决定。只有一个国家能够拥有那些寻求真理的人,能够独立思考的人,能够记录真实的人,能够不计利害为这片土地付出的人,能够捍卫自己宪法权利的人,能够知道世界并不完美,但仍然不言乏力、不言放弃的人,只有一个国家拥有这样的头脑和灵魂,我们才能说我们为祖国骄傲。只有一个国家能够尊重这样的头脑和灵魂,我们才能说,我们有信心让明天更美好。

谢谢各位!

示例分析:这是中央电视台主持人柴静参加2009年"庆祝共和国六十华诞——为祖国骄傲为女性喝彩"首都女记者演讲大赛时的演讲稿。虽然这是有准备的演讲,与即兴的命题评述有所不同,但是从说什么以及怎么说的角度来看。这次演讲对我们做好即兴命题评述很有启发意义。

(1)柴静的演讲朴实、真实、可信。演讲的题目叫《认识的人,了解的事》,文中选取的人物和故事,都是她亲眼所见,亲耳所闻。在这样一次大赛上,柴静从自己的记者身份和记者经历出发,不虚构,不牵强,用真情实感打动评委和听众。

(2)柴静的演讲切题,立意高远。演讲中所提到的平凡的人及其不平凡的事,既符合小题目《认识的人,了解的事》,又符合大题目"为祖国骄傲",通过个体展现了中国人生存和发展的图景。最后一段说理,扎实有力,发人深省。

(3)柴静的演讲让人感到很有说服力,原因在于她所介绍的是亲历的事例,非常可信;其次,类似讲故事的叙事,形象生动,内容饱满,能引发听者兴趣;第三,她所选取的事例各不相同,代表了不同情况,但都准确地说明了主旨。

(4)柴静这次演讲之所以成功，笔者认为，还在于其结构非常简单，适合拿来听。另外，她的演讲结构非常有趣，先摆事实，后讲道理，以摆事实为主；先讲故事，后介绍人物和身份，充满了“揭秘感”。这种结构方法，变阐释为归纳，变论证为讲故事。听众在充分掌握事例的基础上，自然会明白道理，有所共鸣。

五、命题评述训练

(一)谈谈你对下列命题的理解，要求有所展开，自圆其说，准备 15 分钟，评述时间控制在 2～3 分钟。

习题 104　吃一堑未必长一智

习题 105　后来未必居上

习题 106　雪中送炭，要注意方式

习题 107　亡羊补牢，为时不晚

习题 108　此一时，彼一时

习题 109　有志者，事未必成

习题 110　人不可貌相

习题 111　远水也可救近火

习题 112　同病相怜，同忧相救

习题 113　杨澜说，是什么让我们在不断的失望后继续前行？是一种叫做“希望”的东西。你认同这一观点吗？为什么？

习题 114　面对海量信息的时代，有时你会无助地发现所有的声音劈头盖脸，毫无选择地将你淹没。你觉得该怎么办？

习题 115　杨澜说，你可以不成功，但你不能不成长。也许有人会阻碍你成功，但没人会阻挡你成长。你如何理解这句话？

习题 116　杨澜说，有时命运的戏谑就在于，你一直犹豫不决，等到终于下定决心，却已经到了谢幕的时间。你如何理解这句话？

习题 117　有人说，人从平坦中获得的教益少，从磨难中获得的教益多；从平坦中获得的教益浅，从磨难中获得的教益深。你认同这一观点吗？为什么？

习题 118　有人说，成功的人不是赢在起点，而是赢在转折点。你如何理解这句话？

习题 119　有人说，每颗珍珠原本都是一粒沙子，但并不是每一粒沙子都能成为一颗珍珠。你如何理解这句话？

习题 120　有人说，学会倒出水，才能装下更多的水。你如何理解这句话？

习题 121　有人说，把感恩刻在石头上，深深地感谢别人帮助过你，永远铭记，这是人生应有的一种境界。请你讲一个“感恩”的故事，来说明这个道理。

(二)下面每组分别有三个词语,要求用上三个词语说一段有意义的话,内容健康向上,自圆其说,准备15分钟,时间控制在2～3分钟。

习题122 声音、雨、栀子花

习题123 风、苍凉、江南

习题124 微笑、羁绊、街角

习题125 丰硕、天气、手机

习题126 电灯、眼巴巴、回味无穷

习题127 发呆、蓝色、危言耸听

习题128 生气、水、秋天

习题129 厨房、公文包、呼喊

(三)新闻事实评述

习题130 结合以下事实,自选角度,分别进行评述。要求观点明确,自圆其说,准备15分钟,评述时间控制在2～3分钟。

"留给我的时间不多了,真的很感谢我们学校老师和同学为我捐款,在这里我向你们鞠一个躬,表示我和我爸爸妈妈深深的感激……"台上,一名脸色苍白、剃光头发的花季女孩用稚嫩的童音深情述说,数度哽咽;台下,900名老师和学生静静聆听,低声抽泣。6月12日,大丰市万盈镇第二小学教学楼前出现的这一幕,让人动容。11岁的女孩葛文倩是这个学校四(2)班学生,半年前身患白血病,如今,已准备放弃治疗。仅余几个月生命的小文倩,在爸妈的陪同下,执意回到母校,对无私帮助她看病的老师和同学说声"谢谢"。

"就要分手了,还想跟班主任沈卫华老师说声谢谢。从一年级以来,你一直跟班教我,你一直关心我、鼓励我,培养了我读书的习惯,让我度过了许多寂寞的时光……留给我的时间不多了,我想到杭州看西湖美景,去北京看天安门升国旗,但我最想的还是回到学校,和同学在一起上课……"台下,静静聆听的师生很多已泪流满面。

去年12月2日,葛文倩被确诊患白血病。葛文倩所在的学校在得知消息后,向全校师生发出了帮助葛文倩的倡议。去年12月28日,全校共募集捐款4万余元。

(《扬子晚报》2010年6月17日)

习题131 结合以下事实,自选角度,分别进行评述。要求观点明确,自圆其说,准备15分钟,评述时间控制在2～3分钟。

一项在武汉部分高校开展的调查结果显示,26%的大学生坦承自己有经常性的吸烟行为,其中七成大学生烟民的烟龄在1～5年,而中南财经政法大学学生小刘已有13年的烟龄。多数大学生表示自己吸烟的最初动机是好奇。从好奇模仿到主动养成吸烟的习惯,大学生烟民们持续吸烟的原因五花八门。从调查结果来看,排名前三的分别是:

“压力大，用于解烦解闷”、“自身喜好，自我个性”、“很有型，能够吸引异性”。

调查问卷显示，大学生烟民对所购香烟价位的承受能力不一。经常购买 5～10 元/包的香烟的大学生占受访大学生烟民的 60%，抽 10～30 元/包烟的学生人数比例是 22.5%，剩下的大学生则表示对香烟的品牌和价位没有固定要求，完全视经济情况而定。“饭可以一顿不吃，烟是一顿也不能断”，不少受访大学生告诉记者，吃饭和抽烟是自己每月生活费的两大开销，有时候为了保证香烟的正常供应，他们宁可吃饭吃得差点。华科大武昌分校的学生小林就显得更为豪气，他自称非黄鹤楼的“满天星”不抽。按照“满天星”30 元一包的市价来算，他每天会消耗一包，一个月用在买烟上的钱就抵得上一名不抽烟的同学近两个月的生活费。

（《楚天金报》2010 年 5 月 31 日）

习题 132　结合以下事实，自选角度，分别进行评述。要求观点明确，自圆其说，准备 15 分钟，评述时间控制在 2～3 分钟。

2010 年温州事业单位招聘已经开始报名，其中温州环境卫生管理处的一个“粪便处理工”岗位要求学历大专以上，一时引起网友热议。

记者首先来到温州环境卫生管理处采访，一位工作人员称“确有其事”。这位工作人员向记者介绍，由于粪便处理中心今年退了七八个人，因此需要再招人。这个岗位主要从事粪便的收集、处理工作，一共要招 8 名男性，且需要大专以上。

随后他又表示：“招来的人肯定是要在一线工作的，这个毫无疑问”。对于为何要求大专以上学历，该工作人员解释说：“现在的粪便处理工作相比过去都已经很机械化了，因此要求有一定的学历一点不稀奇。而且温州市人事局要求我们这次招聘需要大专以上学历，也是为了解决大学生就业问题吧。”

尽管招聘方表示岗位需要一定的学历一点都不稀奇，可招聘“大学生掏粪工”的消息还是引起了众多网友的热议。

记者了解到，温州环卫处去年曾招过类似粪便处理工的“垃圾处理工”10 名，也要求大专以上学历，当时有近 2500 人报考，经过层层录取，10 位大学生最终入选。环卫处的工作人员表示，目前这些大学生在岗位上都还干得不错。

（《钱江晚报》2010 年 6 月 18 日）

习题 133　结合以下事实，自选角度，分别进行评述。要求观点明确，自圆其说，准备 15 分钟，评述时间控制在 2～3 分钟。

昨天中午，万州区纯阳中学操场上，高中毕业典礼正在进行，1000 多名高三年级毕业生以及其他年级的学生代表参加了毕业典礼。

学校领导和参考学生代表，表达了对高考学子的祝福后，主持人宣布“向老师行礼”。话音一落，台下一些高三毕业生真情流露，开始单膝或双膝下跪，面朝主席台上朝夕相处三年的老师们行礼。看到前面的同学跪下，后面的同学开始效仿。短短数秒时间，900 多名学生跪下。

30 秒过去，直到主持人在台上连续说了两次“谢谢同学们”，示意学生起身后，同学们才慢慢起身。

纯阳中学政教处处长张洪全称，学生向老师行跪拜礼并不是首次，2009 年的上届高中毕业生就已经开了先河。同学们行跪拜礼也不是学校组织的，不过学校倡导这种感恩方式，因为学校在教育中注重灌输“感恩”理念，学生每天都要做“感恩操”。

各方言论：

- 纯阳中学政教处处长张洪全：“毕业学生向自己的老师行跪拜礼，我们打算将其形成一个校园文化的传统！”
- 学生们的感恩举动让老师们很激动。高三语文教师谢章金事后说：“当时站在台上很感动，这是平时对教育学生感恩结果的一种反馈吧！”
- 对此，家长及考生反应不一。高三一班学生陈军伟说：“老师平时为培养我们付出了很多，跪拜也是一种谢师恩的形式，更为庄重点吧！”
- 家长冉先生则认为：“自古以来我国就有尊师重教的传统，但不一定非得要以跪拜的形式来表现。”

（《重庆晨报》2010 年 6 月 6 日）

习题 134 结合以下事实，自选角度，分别进行评述。要求观点明确，自圆其说，准备 15 分钟，评述时间控制在 2～3 分钟。

“孩子大了，我知道不能给他太大压力，所以我选择给予孩子鼓励，可没想到这样竟然也会给他造成这么大的压力。”当李女士找到离家出走一周的儿子阳阳时，心中感慨万千——她做梦也想不到，儿子离家出走的原因正是害怕父母一直以来不停的肯定和鼓励。

“我现在一回到家复习，听到妈妈的鼓励，什么‘你肯定行，至少也能考三本’‘你爸妈都是名牌大学毕业，你也没问题’‘你绝对能超水平发挥’之类的话，我就害怕。因为我根本达不到这样的水平。”阳阳说。他表示，之前班里进行了一次考试，自己成绩很不理想，想想马上要进入高三很悲观，认为自己无法考上好的学校。从父母的称赞与肯定让他感到家人对他强烈的期待，因此既着急又内疚，他害怕会让父母失望，所以选择了逃避。

孩子的话让李女士很意外，父母的鼓励居然让儿子有这么大的思想包袱，身为家长她很困惑，不知道应该怎样教育孩子。

（天津网 2010 年 6 月 4 日）

第三节 主题讨论

主题讨论又称为无领导小组讨论，将其列入专业面试很有创新意义。播音主持专业面试时，大多数考查都是单打独斗，而主题讨论却提供了一种交流语境，考生之间可以进行观点碰撞，在即时的交流中完成思考和表达。它给考生展现自己提供了新的舞台，也为考官了解考生提供了新的可能。从日常训练的角度看，主题讨论所表现出的语境的真实性、交流的即时性和互动性、观点的独立性，使其具有较高的训练价值，是提高口语传播和沟通能力的有效途径。

一、考查要点

作为播音主持专业面试项目，主题讨论除了能够对考生的形貌、声音、语言等进行直观的测试，还有其独特的测试价值，主要体现为以下方面：

1. 考查观点的独立性

主题讨论可以考查考生是否对话题和事件持有独立的观点。在讨论过程中，有的考生容易受到同场其他考生的影响，人云亦云。整场考试下来，这样的考生仅仅是附和他人的观点，始终没有自己的判断，谈不上“展现自我的风采”。因此，广大考生在主题讨论时不能仅仅以“有没有说话”、“说了多少”为标准，而要积极思考，发表独立的看法。

2. 考查参与的主动性

无论是广播电视节目，还是日常交流，讨论的形式都很常见。讨论有利于每一位参与者贡献自己的聪明才智，相互激发，让真理越辩越明，使参与者全面深刻地认识事物。在专业面试中引入讨论，可以考查考生在真实语境下参与交流的情况。比如，有的考生缺乏讨论的训练，没有讨论的习惯，比较矜持和含蓄，以旁观者自居，明显缺乏参与的主动性。而有的考生则能够主动发表看法，并回应他人。笔者认为，主动的参与，首先要注意倾听他人的阐述，及时对他人的观点进行判断；然后，找准机会，与他人进行观点碰撞，有所交锋。

3. 考查讨论的控制力

讨论的控制力是指在讨论的过程中，考生能否自我控制，并引导整个讨论的走向。这包括：(1)讨论的过程中，考生能不能控制自己的思路和情绪。一方面，我们不能因为别人的打断而丢失自己的思路；另一方面，讨论到热烈处，个人情绪不可失控。(2)考生能不能通过综述和阐述引导别人的观点。也就是说，考生始终结合主题，随时对他人的观点进行反应和判断，能进一步提出质疑或者推进他人的观点。(3)考生能不能维护整个讨论。如果有组员出现消极的情绪和反应，能够及时加以引导，让讨论继续下去。可见，讨论的控制力反映了考生的综合能力、团队精神和领袖意识。

4. **小组内部横向对比**

主题讨论由一组考生针对同一话题共同完成。在选拔性考试中，考官可以更直观地发现考生专业素质的相对高度。

二、常见问题辨析

1. **从众**

讨论时，有的考生很容易被他人意见左右，忙于附和别人，所谓的表态也只是将别人的话再说一遍。有的考生开始还有自己的判断，但是一遇到相左的意见，就偃旗息鼓，无心坚持。这些都是从众的表现。所谓从众是指无论其他人的观点是否正确，只要大多数人同意，自己就跟着同意。从众说明了考生缺少判断。从众的关键不在于自己的观点是否和大多数人一样，而在于：(1)无论同意与否，对他人观点，自己是否有理有据地做出了判断。(2)对于大家都同意的观点，自己能否换个说法。如果满足这两点，那么，即便个人观点与众相同也不属于从众。

2. **偏颇**

偏颇是指考生在独立阐述或者讨论的过程中所摘取的事实片段或者所提供的观点意见无关事物本质和关键，以偏概全，缺乏说服力。造成偏颇的原因有：(1)对事物缺乏全面的认识，材料掌握得不全面；(2)思考不深入，没有分清主次；(3)在讨论的过程中，只拣喜欢的听，拣有意思的听，没能综合更广泛的意见进行判断。从某种意义上来说，偏颇说明了考生思考不周，参与不深。

3. **专断**

专断是指考生在讨论的过程中，无视他人的意见，一味固执地坚持自己的意见，自以为是，刚愎自用。尤其在总结阶段，只肯定自己的意见或者相同相似意见，对于不同意见，拒绝阐述。这样的专断对于一次讨论来说是致命的打击。讨论和独立阐述不同就在于，它强调集思广益，相互碰撞。而专断的本质则是无论如何，只有“我的”才是“对的”。有的考生，在讨论的过程中不但在观点上表现出固执，拒绝采纳有说服力的材料和意见，而且经常不礼貌地打断别人的阐述。可以说，专断是不善交流的表现。

解决专断的最好办法，包括两点：(1)培养和强化自己的对方意识。在讨论中要积极接收和判断他人的意见，尤其是不同意见，不可无视他人。(2)给他人的阐述和反驳留下必要的时间和空间，让组员释放自己的想法。

4. **退避**

退避是指在讨论的时候，有的考生除非轮到，否则绝对不主动参与。一旦遇到相左的观点，拒绝交锋，哪怕不同意对方观点也不再继续发表意见。整个讨论的过程中，这样的考生处处给别人让路，完全置身局外，一副不愿意惹麻烦的状态。退避的考生通常是一副消极应对的心理，展现出不自信的状态。笔者认为，调整退避关键在于首先从观念上正确认识讨论的积极作用，调整心态。

5. **走神**

有的考生在讨论中走神。因为常常置身事外，习惯退避的考生就比较容易走神。其次，不能及时跟上讨论节奏和思路的考生，因为接受不到来自讨论的刺激，时间一长，注意力就不能集中在讨论上。解决走神的关键在于学习批判性倾听。首先要认真听，听到并听全其他考生的发言。其次，及时分析和判断他人的发言，撷取其中关键和有用的信息。

6. **争吵**

考生一般都是十八九岁的青少年，情绪波动较大。遇到不同意见的时候，容易激动。尤其当个别考生的观点遭到多数组员的反驳时，考生容易出现心理上的对抗，甚至发生争吵。考生应认识到，有理不在声高，争吵不能解决问题，过激情绪是不理性、缺乏风度、缺乏情绪控制力的表现。

三、思路点拨

1. **大胆而明确地发表观点**

主题讨论并不要求“谁最好，谁来说”，而是“讨论讨论，看看怎样才最有说服力”。认识到这一点，考生就无需太多顾忌，大可以我口说我心，大胆表达观点。其次，表达时，观点要明确。在主题讨论环节，似是而非的观点，曲曲绕绕的表述都不太适用，简明扼要才好。

2. **认真倾听，积极参与**

倾听是参与讨论的重要前提。没有倾听的意识，容易导致“话语霸权”，或者是鸡对鸭讲，根本不沾边。为了优化倾听的效率，我们应学会“分析性倾听”。这是指在听的过程中，我们要伴随思考、判断、关联和归纳等思维活动，这样才能有效地记忆听到的内容，并对他人的言论做出积极的反应。

在倾听的基础上，考生要积极参与讨论。在主题讨论环节，尤其是考试的时候，大家都在争取时间积极表现。主题讨论并没有明确的主持人，如果自己不积极，那必然错失表现的时间。

3. **找准时机，礼貌打断**

在主题讨论的自由讨论环节，考生不再轮流发言，而是有话就说。尤其到了观点交锋处，不同意见你来我往，旁人稍不注意，根本插不上嘴。为了赢得说话的机会，笔者建议考生要跟进讨论，找准时机，礼貌地打断他人。比如，对方一说完，我们可以表示赞同：“这个我同意，我这儿有个有意思的例子……”或者说：“很抱歉，我要打断一下，我觉得这位同学的发言和主题无关，相反，我同意上一位同学的说法，我的理由是……”当然，无论何种打断，都要注意说话的语气，不可鲁莽和冒犯。

4. **心态从容,理性判断,借势引导**

讨论时,考生要尽可能保持平和的心态。主题讨论只是针对一个问题大家交流想法,不可弄得硝烟味太重。考试的目的是为了考查考生的素质,所以只要真实地展现自我即可,不是说得越多越好,更不是争得越欢越好。在整个过程中,考生应及时跟进,理性判断,以理驭情,这样才能充分激发自己,更好地参与讨论。另外,在一次讨论中,虽然没有指定谁是主持人,但是,每一位同学都可以在小组成员阐述和交流的基础上,引导整个讨论走向深入。

5. **不忘与考官的交流**

主题讨论时,考生不能完全忽略考官的存在。"与考官交流",不是指考生句句都对着考官说,更不是邀请考官加入讨论,而是对于讨论混乱的地方,要有人及时给予澄清和说明,对于整个讨论,也要有人进行总结和收束。这都有利于在心理层面与考官形成交流。"与考官交流的情况",反映了主题讨论时,考生是否具备受众意识。

四、案例分析

这次"复试"原来是"无领导小组讨论面试法",有点始料未及。但庆幸的是,我研究过这种面试方法,清楚整个流程,而且懂得一些应对技巧。

【分析】这位朋友的面试经历无疑说明了,了解小组讨论,掌握基本的技巧,有利于获得面试的信心。

说实话,还是有点紧张,毕竟是第一次经历这种面试方法的实战。我们小组一共7人,4个西装革履,精神气十足。开始后,面试官让我们按编号入座。她简单介绍了整个流程,无领导小组讨论就这样开始了。

【分析】因为是面试,参加小组讨论的成员应注意自己的着装、体态和精神面貌。

面试题目是要推销一种名叫"夏果"的饮料,绿色、健康、环保、有利于肠胃等是它的基本特点,但不巧的是,竞争对手(比如娃哈哈、农夫果园等)已经先一步推出了类似的饮料,问我们该如何推销"夏果",要求制作出宣传画。每人5分钟阅读时间并准备发言。有两男生占了上风,一看就知道他们俩对领导者和协调者两个角色垂涎已久了。除了他们,其余表现都差不多,讨论半天没能统一"卖点"。有人建议照搬一个饮料品牌的广告创意。我一听就反对他。但过一会,他还是想用这个创意,估计是想争取最后作总结发言。我只好无语。

【分析】这一段描述,传递给我们如下信息:(1)一般而言,讨论的题目都是开放型的,每一位成员都有话可说。(2)讨论并不是闲谈,暗含对考生在思路上的创新要求,希望通过讨论能获得新的认识或创意。(3)角色意识。文中提到"一看就知道他们俩对领导者和协调者两个角色垂涎已久了"。笔者认为,在主题讨论环节,考生可以尝试自觉承担某种角色,借势维护和引导讨论。(4)处理好竞争关系和团队合作。在一次讨论中,组员既要积极发言,争取脱颖而出。同时,又要和其他人形成合作,让讨论得以深入,不可陷入孤立和争吵。(5)诚信问题。文中谈到某一成员“照搬”其他广告创意。小组讨论的任务就是获取“新”的创意,而不是抄袭。这种做法无疑伤害了讨论。但是这种做法并没有得到强烈的反对,实际上暴露了整个团队诚信意识不足。

其实,按我的想法:夏果要想与竞争对手区别开来,就必须走差异化路线,跳出常规思维,重新定位。脑白金是保健品,但它却被当作礼品来卖,结果引爆市场;王老吉是凉茶,但却被定位为“防上火的饮料”,结果同样一炮打响。同样,“夏果”有利于肠胃,为什么不把它当成保健品或礼品来卖,从而与竞争对手区别开来呢?只可惜剩下的时间已经不多了,我没能表达出自己的观点,即使表达出来,那么,我们也没有时间去想创意了,结果只好任由那位仁兄照搬上面的创意了。要是面试官看出来你在忽悠他的话,那可就麻烦了。

【分析】这一段描述传递如下信息:(1)思维的敏捷性。讨论的时间有限,一定要快速思考,否则会错失表达的机会。(2)主动性。作者意识到时间不多,因此放弃表达个人创意,这对于团队来说,可能是种损失。这里并不是没有时间,仅仅是时间不多。说不定其创意能激发团队其他人的灵感。

面试官一开始就说明了,她是客户,最后要向她提案。但是,这仁兄最后提案时犯了个大错,竟然向小组成员提案,而且是坐在自己座位上提案。结果,面试官严厉地批评了他,吓得他语不成声,我们也不敢做声。

【分析】这无疑在提醒我们,一定要明确考试要求,按要求完成讨论,否则会带来负面的效果。

这是我第一次参加无领导小组讨论法,表现一般,发言的次数不多,大概只有4次,而且没能踊跃拿出自己的观点。

不过,这次实战却让我有种想继续接受挑战的冲动。有了这一次,说实话,我很期待下一次了。因为,我相信下一次会比这次表现得更好。

【分析】这一段描述给我们提供了这样的心得:(1)要及时总结得失,这有利于形成个人经验。平时练习尤其要注意总结环节。(2)保持自信和热情,多加锻炼。

(新浪博客:广告雨人的非机稿,笔者略有删改)

示例分析:虽然我们选取的是求职面试案例,但它与播音主持专业面试过程具有相似性。从主题讨论的角度来看,这一案例具有典型性,能够反映较多问题。另外,这一案例具有真实性,其中,既有经验又有教训,是难得的学习材料。从上述案例和分析中,不难发现,主题讨论存在不少“陷阱”,并不是轻而易举就能完成。只有掌握其中的规律和技巧,反复思考和训练,才能得心应手。

五、主题讨论训练

以下我们选取若干材料,供大家进行训练。训练的方法可以参照下面的训练设计。

评价的方法可以参照下面的评价要点。

训练设计：

(1)拿到题目后，用10分钟时间分别整理思路。

(2)按顺序每人限2～3分钟阐述个人观点。

(3)依次发言结束后，用20分钟时间进行自由交叉讨论。在讨论过程中，可更改自己原始的观点，但对新观点必须明确说明。

评价要点：

(1)综合分析与论证说理能力

(2)论点的准确性、结构的清晰性

(3)组织、领导能力

(4)发言主动、生动

(5)言谈举止得体

习题135 当别人不欣赏你时，你会怎么办？

你很欣赏对方，但对方却不欣赏你。你遇到过这样的情况吗？如果遇到这种情况，你会怎么处理？

习题136 你如何看待高考零分作文？

不少学生选择在高考作文中发泄对生活、社会的一些不满，结果作文被判为零分作文。然而，网络上，不少人认为不少零分作文比满分作文更具可读性、更有创意、更贴近生活。对零分作文，你有何看法？

- 正方：这些作文应该被评为零分作文。作为以后国家的栋梁之才，不应该过于消积，作文不符合积极向上的主旨。
- 反方：部分零分作文不比满分作文差。应该客观评判，难道作文中不能表达个人真实心情吗？

习题137 你觉得大学生兼职会对学习有影响吗？

- 正方：有积极影响，可以增加社会经验，更好地理解课本的知识。
- 反方：有消极影响，占用了时间，影响学习。

第四节　考官提问

作为一种考试方式，考官临场提问在面试中非常普遍。所以了解考官提问的常见问题并进行辨析，明确提问应答的基本思路，不但能帮助考生顺利完成考官提问这一环节，也有利于提高考生交流能力。

一、考查要点

1. 初步考查

作为一道考题，考官提问一般出现在初试环节。与命题评述、主题讨论和模拟主持相比较，考官提问可长可短，灵活可控，适用于对考生作初步考查。考官提开放型问题较多，一般不涉及艰深古怪的内容，力求让大多数考生有话可说，让考生在简单地交流中流露个性与素养。在照面、问答中，考官对考生的声音、形貌、语言、想法可作初步的评价。根据笔者总结，提问一般涉及以下几个方面：

(1)个人信息

- 请介绍一下你和你的家庭。
- 你有什么优缺点？
- 你有什么特长和爱好？

(2)身边人事

- 介绍一下你所在高中学校的情况？
- 谈一谈你的父亲和母亲。

(3)专业话题

- 作为娱乐节目主持人应该具备哪些基本素质？
- 作为新闻播音员应该具备哪些基本素质？
- 网络传播和传统的大众传播的区别。

(4)知识问题

- 五岳的名称？
- 中国六大古都？

(5)时事话题

- 说说2008年北京奥运会的福娃是哪几个？并简单描述一下她们各自的特点。
- 说一则最近发生的时事新闻。
- WTO给中国带来的机遇和挑战。

(6)其他话题

- 什么是真正的友谊？
- 给你灰色和红色，你能构思一个什么样的画面？
- 假如你现在拥有一百万你会怎么花？
- 什么路不通车？什么贼不偷东西？

2. 侧重语言

通过提问，考官首先可以考查考生的口语表达状态。有的考生表现慌慌张张，而有的却从容稳健；有的考生木讷冷淡，而有的却热情洋溢。其次，通过提问，考官可以考查考生的口语表达能力。通过对答，考官可以直观地了解考生的声音条件、语音情况以及说话的表现力、感染力和交流感。

3. **了解信息**

提问是考官了解考生个人信息的有效途径。首先，未必所有的考生都能够有针对性地合宜地提供个人信息。考官通过提问可以有侧重地追问和挖掘。其次，未必所有考生都能够如实提供个人情况。无论是隐瞒还是夸饰，考官通过提问有利于分辨事实。

二、常见问题辨析

1. **答非所问**

答非所问是考官提问的大忌。有的考生不留意听清问题，没拿准问题的关键，匆忙作答，以至于跑题。如：

考官：给你绿色和红色，你能构思一个什么样的画面？

考生：我觉得，绿色代表希望，红色代表青春。我们常说火红的青春嘛……

考官：我问的是，什么样的画面？

考生：一个非常美的画面。

考官：能简单描述一下吗？必须用上这两种颜色。

这位考生可能把注意力集中在了两种颜色上，因而忽视了“构思画面”的考试要求，回答不但不准确，还显得很被动。

另外，考官有逻辑地扣着某一点追问时，几个问题下来，考生可能会出现思维跟不上的情况，所提供的答案也不能切中要害。如：

考官：你的人才标准是什么呢？

考生：嗯……我觉得……现在需要复合型人才。

考官：我问的是标准。

考生：人才的标准就是……我觉得，得复合型。

考官：那么，什么是复合型？

考生：复合型就是……各方面能懂得一些……

考官：能具体点儿吗？

考生：嗯，这个……

考官：还有别的标准吗？

考生：嗯……人才的标准，还有……能力强，算吗？

……

这位考生对自己所提到的观点和看法，并不十分清晰。在考官追问的过程中，并没借机分析整理，回答一直磕磕巴巴，似是而非。

避免答非所问，考生可以从两方面着手：(1)加强倾听的训练；(2)强化思辨能力的训练。

2. **方式不当**

考生回答方式不当,包括:(1)语量失当。考生在回答考官提问时,在话语的量上过多或过少。考官要求简要回答,然而,经常有考生滔滔不绝,语速又快,贪求“多说”。有的考生却表现为“话少”,言简意赅到了不像在介绍情况,更像在“暗示”情况,如:

考官:请你介绍一位家庭成员。

考生:我的爸爸是一位工程师,人很好。

考官:能再详细一点吗?

考生:您指的哪方面?

考官:比如,性格方面?

考生:挺温和的。

考官:能举个生活当中的事例吗?

考生:……

如此回答,恐怕不能令人满意。从交流的角度看,它暴露了考生缺乏交流愿望,不善交流。(2)爱说套话空话。有的考生在回答问题时,不是朴实诚恳地说明想法,而像在抒情或表决心,乍看起来激动人心,实则没什么内容。(3)“背书”的谈话方式。考官提问是面对面的交流语境,近似日常人际交谈,“背书”的方式显得极不自然。(4)个别考生由于取胜心切,着急要通过任何环节在考官面前展现自己,因此潦草地思考和回答问题,却任意加上很多“自我介绍”的内容。

3. **语音问题**

即兴的一问一答,更可能暴露考生自然状态下的用声问题、语音问题和其他不规范的说话习惯。这就要求存在语音问题的考生要从日常说话习惯中改起。

三、思路点拨

1. **真实第一**

提供可信内容是问答有效的前提,也是考生应尽的义务,是考生思想素质和专业品质的体现。而且考生一旦提供不实信息,首先自己会因为担心被发现,而影响内心情绪。其次,大多数杜撰的信息都经不起考官的追问,几个问题下来,就会破绽百出。考生如果违反真实原则,一经发现,考生给考官所留下的必然是负面印象。

2. **扣题作答**

扣题作答是包括考官提问在内的任何问答式交流的基本策略。如何才能扣题呢?(1)选择性倾听。面对提问,考生不必字字记忆,要抓住问题的关键词,这有利于答题时切中要害。(2)亮明主旨,稍作阐述。考生回答时,无需铺垫,避免琐碎。假如考官问:你同意这个观点吗?考生首先要亮明同意、不同意或者部分同意,然后说清原因。切忌洋洋洒洒地谈原因,始终不明确表态。其次,避免自相矛盾,不可既同意又不同意。

3. **松弛交流**

有来有往的问答,互动性强,交流的对象真实、明确、具体。考生应保持积极自然的状态,不可刻意做出"播音状"、"主持状"。

4. **说清即可**

考官提问不要求详细地展开评述。因此,考生要控制好语量,简要地表达想法。

四、案例分析

问题:你最大的优点是什么?

答案1:我比较善于发现问题、解决问题。比方说,我们班鼓励同学们给班会活动提建议,在一两年里,我提出了将近20个点子,80%被采用。我的那些点子明显让班会活动变得有意思起来,老师因此让我专门组织班会。

答案2:我是一个做事全力以赴的人,或者说是一个比较拼命的人。一旦确定了一个目标,我会用上自己全部的力量,直到成功。这样即使失败了也不会留下遗憾。比方说,为了完成一个阶段的学习,我可能会熬夜。比如,为了今天的专业面试,我提前做了几个月的准备。

答案3:我比较有条理。我自己的东西都整理得井井有条。我不在家的时候,我妈很容易就能找到我的东西。我觉得有条理是一种习惯,只要坚持,每个人都可以做到。

答案4:我比较善于带领别人一起工作。我担任过班长、学生会干部,从无到有建立了中学生志愿者组织,还创建了一个很大的社团——民乐俱乐部。同学们都说和我一起做事干劲很高,我想最主要的原因是因为我善于调动每个人的积极性。我觉得一个人无论才能大小,都希望能肩负一定的责任,所以在团队工作中,我尽量让每个人都能展示自己的才能。

【分析】以上4份答案都体现出以下特点:(1)先用一句话概括优点(2)都简明扼要地说明了理由。

答案5:我的优点是适应性很强。我随父母从东北来到广东,很快就喜欢上这里,交了很多广东的朋友。中间,因为父母工作的原因,我换了两次中学,每一次都能很快适应新的学习环境。

考官追问:为什么你适应性这么强?

考生:环境改变的时候,首先要积极了解新的环境。其次,更为重要的是要学会寻求帮助,不懂就问,慢慢就和大家融到一起去了。

【分析】答案5中,面对考官进一步追问,考生及时做出了分析,理由贴切,条理清楚。由此,我们可以判断,这位考生将"适应性强"作为自己的优点,应该是基于其长期的自我认识和判断。

答案 6:我的优点是表达能力强,而且乐于表达自己的观点。在课堂上我总是踊跃发言,还参加过演讲比赛。我是班长,和同学们讨论的时候,我也善于表达自己的观点。我认为敢于表达自己的观点是负责任的一种表现。如果我们爱一件事情,一定会献计献策让它更好。我希望将来能成为一名敢说敢作敢当的主持人。

答案 7:我的一个特点是比较活跃。我很少安静地待在家里看一整天电视,我喜欢出去,与人打交道。所以我选择播音主持专业,我想去了解更多人的生活,做一个记者型主持人。

答案 8:我的优点是做事情很有热情,老师和同学都说我看上去总是干劲十足的样子,呵呵。我确实很喜欢充实的感觉。我学习很有主动性,有自己的学习计划,而且可以完成。我想,只要我带着这份热情去学习专业知识,也可以有所收获的。

答案 9:我具备开创性思维。我给朋友的生日卡片都是手工制作的,我做的菜很受家人欢迎。我们班里有一半的晚会都是我的创意,比如说当时搞的一个"我做新闻发言人活动"特别成功,后来其他班全部都效仿这个活动。主持也是一份需要创意的工作,我很希望成为一名创意无限的主持人。

答案 10:我是一个持之以恒的人。我从初一开始写日记一直坚持到现在。我也一直坚持健康饮食和早晨锻炼的习惯。我在一个社团工作了三年,而不是像很多同学那样尝试了很多社团。专业上,我也希望能在自己喜欢的专业里长期学习和发展。

【分析】答案 6～10,还较为巧妙地建立了个人优点和播音主持专业之间的关系。

关于"你最大的优点是什么"这个问题,考官主要关注:(1)逻辑性。考生所谈的应该是一般意义上的"优点",而非"特点",更不可以把"缺点"当"优点"。(2)真实性。考生能概述生活中的若干片段,说明其真实具备这一优点。(3)对应性。考生最好能明确其优点与播音主持专业之间的关系。

笔者选取的十份答案基本上遵从了以下答题原则:(1)有重点地选取一项优点;(2)简单举例说明;(3)尽可能明确优点与专业特点之间的关系。

五、考官提问训练

个人信息

习题 138　你最初的理想是什么?

习题 139　简单地谈谈你的成长之路。

习题 140　你如何评价你的业余生活?

习题 141　你有自己的秘密吗?你如何看待"秘密"?

习题 142　你最喜欢的一句名言是什么?你如何理解它的意思?

习题 143　到现在为止,谁对你的影响最大?他(她)是如何影响你的?

身边人事

习题 144　介绍一处你家乡的景点?

习题145 谈谈对身边同学的印象。

习题146 你如何看待中学生早恋现象?

习题147 谈谈你印象最深的一位班主任。

习题148 你读的是文科还是理科?当初为什么做这样的选择?

专业话题

习题149 你如何看待“美女”主持人?

习题150 你认为做主持人应具备哪些素质?

习题151 谈谈你对主持人“观众缘”的理解?

习题152 针对中考生,请你策划一档电视栏目。

习题153 你最喜欢哪一类的电视节目,为什么?

习题154 你最喜欢的一档栏目是什么?为什么?

习题155 为什么选择播音与主持专业?你认为你的发展潜力如何?

习题156 你最欣赏的主持人是谁?是否能谈谈欣赏他(她)的理由?

习题157 你听广播吗?你认为现在人们想从广播节目中得到什么?

热点话题

习题158 你如何看待明星的广告效应。

习题159 你知道“凤姐”吗?怎么评价“凤姐蹿红”现象?

习题160 现在,很多电影都运用了电脑特技,你认为它会代替真人表演吗?

习题161 你了解青歌赛吗?你对歌唱比赛考查选手的综合素质怎么看?

习题162 你认为如何才能算作是成功的奥运会?你对2012伦敦奥运的期待是什么?

习题163 你认为什么是金融危机?结合你的见闻和生活经历,谈谈你是如何看待金融危机的?

常识话题

习题164 说说你对李白的认识和评价。背诵他的一首代表作。

习题165 新中国成立后历届总理是谁?

习题166 列举我国的四大名著,并说明其作者。

习题167 列举你所知道的我国传统节日,任举一个节日,谈谈你是怎么过节的?你认为传统节日需要保护吗?

其他话题

习题168 向考官卖手机。

习题169 你如何理解“爱”?

习题170 你如何理解“代沟”?

习题171 你如何理解“孝顺”?

习题 172　历史可不可以戏说？为什么？

习题 173　你如何看待“纸上得来终觉浅”这句话？

习题 174　简单介绍你最喜欢的一部电影。

习题 175　简单介绍你最喜欢的一部小说。

习题 176　你理想中的大学应该是什么样子？

习题 177　有人说，知识等于智慧，你同意吗？

习题 178　介绍你最拿手的一道菜。你是怎么做的？

习题 179　你认为愚公应该移山还是搬家？为什么？

习题 180　你觉得生活中最重要的东西是什么？为什么？

习题 181　有人说：习惯养成性格，性格决定命运，你认为呢？

习题 182　雷锋精神过时了吗？你身边有活雷锋吗？你是怎么学雷锋的？

第五节　模拟主持

模拟主持要求考生自设栏目、改编材料，并以主持人的身份完成一档节目，时间一般控制在 3 到 5 分钟。考生在较短时间内需要设想栏目，梳理内容并组织语言，其实就是一段即兴的介绍或议论。

一、考查要点

1. 主持潜质

所谓主持潜质是指考生是否具备深入学习节目主持艺术和从事节目主持工作的相关“软”件，比如语言表达的明晰性、准确性和表现力，交流时的亲和力，对交流过程的驾驭能力以及主持方式的灵活调节能力等。可以说，主持潜质是一个综合概念。看上去，模拟主持是说一段话，命题评述也是说一段话。但与命题评述不同，模拟主持要求考生明确其主持人的身份，以此身份完成内容的创作和表达。如果平常不关心电视节目，不了解主持人及其工作内容，没有进行过相应的学习和思考，考生恐怕很难获得并表现出这样的身份感。

2. 节目意识

所谓节目意识是指考生根据所提供的材料，恰当地设置某一类型的栏目，并根据栏目特征改编材料，调整主持形式的意识。首先，栏目名称、内容安排、主持方式等都能体现出这一类型栏目的主要特点。其次，栏目的基本要素应完整。开场，提示栏目名称，串联，结束等最基本的环节不能丢失。

3. 出镜效果

与目测不同，模拟主持通过镜头考查考生的容貌、体态、表情、眼神、装扮等外部形象。首先，考查考生形貌的出镜效果。其次，考查考生的镜前副语言表现是否得体到位。这要求考生动作简单明确，体态端庄大方；表情自然，目光有神，透露出态度情绪和交流的愿望；装扮干净、整齐、大方，不浓妆艳抹，不搔首弄姿。

二、常见问题辨析

1. 缺乏节目意识

有的考生将模拟主持简单地理解为“开场白＋说一段话＋结束语”，栏目名称、内容安排、主持方式却不能很好地体现这一类型栏目的主要特点。笔者建议，考生在参加播音主持方面的专业面试前，有必要适当地接触、了解并思考节目主持人的具体工作内容。

2. 缺乏身份意识

身份意识指在模拟主持环节，考生的主持人身份意识，并能把这种意识始终贯穿始终，落实在主持过程当中。主持人是节目内容的组织者，节目过程的驾驭者，拥有强烈而明确的身份意识，有利于激发考生的镜前状态，改善整体表现。

3. 缺乏交流意识

交流意识指的是考生在主持过程中与受众进行交流的意识。主持节目时，完全沉浸在自己的想法中，或者自言自语，都是缺乏交流意识的表现，其主持的节目当然也没有吸引力。

4. 缺乏镜头意识

缺乏镜头意识主要表现为：(1)目光游离。不少考生无法长时间注视镜头，目光游离飘移。(2)目光凝滞。很多考生虽然看着镜头，但是，眼睛无神，眼神中没有内容。(3)状态、动作等不能接受镜头的限制。比如，在近景镜头中，动作幅度大，动作繁多，显得很激动；或者彻底松懈，站立不挺拔，坐姿不端正，镜头前显得没有精神。解决这一问题，考生首先要从观念上认识到自己是带着身份和任务上镜的，目的是通过镜头和人们产生交流，所以状态一定要积极而自然。另外，考生平时需要加强练习，让自己习惯于在镜头前有控制地活动。

5. 缺乏内容创新

这是指考生进入主持环节，直接拿着材料播读，没有重新组织材料。解决这一问题，要求考生在明确栏目定位的基础上，要根据自己的设想，提取材料中的重点内容，重新加以组织。对于一般人感到生疏的内容和专有名词，能够通俗地解释，真正服务于观众。

三、思路点拨

1. 确立类型

在模拟主持中，常见节目类型的有两种：新闻评论类节目和生活服务类节目。无论是哪种类型节目，所设计的节目形态一定要简便易行。模拟主持与真正的节目主持不同，考场内不可能提供给考生太多的道具，甚至没有办法移动机位。因此，考生在设想主持方式的时候，要从实际出发，考虑可行性。比如有位同学主持了一档魔术节目，拿一个硬币作为道具，摄像机基本可以不动，而考生却可以做出丰富的变化，这个设计就很好。

2. **明确身份**

考生要明确主持人身份，在此基础上，要进一步处理好观众听不清或者不容易听懂的地方。强调重要内容，引起观众兴趣，吸引观众参与，更好地达成交流。如此种种，明确观众对主持人的期待，想观众所想，"目中无人，但心中有人"，才算落实了身份感。

3. **梳理内容**

考生应以试题所提供的材料为依据，重新梳理和选择内容。首先要明确自己到底要向观众介绍什么或者引导观众思考什么。明确目的后，提取材料重点，素材不够时还需调动知识储备增补信息。总之，一定要让内容具有整体感，让语言口语化、通俗化，清晰明了，方便听众接受。

4. **调整状态**

镜头前应展示积极而松弛的状态。这种状态要落实在自己的体态、表情和眼神中。首先，体态合宜，站姿挺拔，坐姿端正，动作简约大方。动作要少，幅度不能过大，不能出画。其次，表情自然。有的同学一遇到新闻评论就冷着脸，一遇到服务类节目就笑容满面，这都是刻板印象。表情应依据内容和感受自然而然展现。第三，眼神交流。眼睛是心灵的窗户。考生的眼神中要流露出相应的情感和态度。客观条件允许的情况下，平时可以多做些镜头前的练习，调整好状态，也可以对着镜子进行练习。

5. **装扮大方**

穿着大棉袄，围着大围巾上镜固然不合适，但是浓妆艳抹，珠光宝气也不可取。镜前着装要符合个人年龄、气质和身份，中学生不宜打扮得过于老成，女生不宜穿紧身或暴露的服装。笔者认为，无论男女，只要整洁大方，款式合体，衣着色系协调，能体现青年人的精神面貌即可。

四、案例分析

1. **新闻评论类主持示例**

主持人：你好，观众朋友，欢迎打开《新闻周刊》。本周四，国家统计局局长马建堂在新闻发布会上正式对外公布了广为外界关注的2009年中国GDP增速，8.7%，一个不错的数字。想想看，去年这个时候，在金融危机的阴影之下，不要说8.7%的增速，即使是否可以保8，相当多的人当时也缺乏信心，心里没底。于是，也正是在那个时候，"信心比黄金更重要"这句话才非常流行。而今天，一年走过，用马建堂局长的话来说，信心真的变成了黄金，变成了财富。但是，全球经济的今天乍暖还寒，一个8.7%的增速，还不足以让我们忘乎所以。更何况,我们更大的挑战在于如何调结构、促经济转型,让中国经济长期稳定增长,并健康前行。更何况,在马建堂局长的新闻发布会上,人们依然看到,农村居民收入的增长,依然低于城市居民收入的增长等等等等。显然,高兴之中,我们还有很多工作要做。接下来,咱们共同走进本周。

【分析】这是一个别具匠心的开场白。主持人不满足于简单的串联,而是从一个数字出发,展开议论,引发人们的思考。视点独特,角度新颖,语言通俗、准确又不乏幽默,把一个枯燥的经济现象说得有声有色,让一个寻常的开场变成议论时事的环节。这样的开场,不但吸引人,而且很符合《新闻周刊》的特色和定位。

主持人:从下周六开始,一年一度的春运要拉开大幕了。虽然每年春运的压力一直居高不下,但今年还有新的挑战。一是天气情况不容乐观,出现低温雨雪等恶劣天气的可能性较大。二是返乡客流量大,比去年可能又有所增加。第三,甲型 H1N1 流感的防控任务依然艰巨。虽然这些挑战伴随春运,但我们仍然想提前祝愿回家过年的人们,能在社会各界的努力下一路顺风。好了,本周的事就先聊到这儿,下周的事情咱们下周再聊。《新闻周刊》祝您周末愉快。

【分析】主持人着眼于下周的社会热点,提出分析,发出祝福。这样的结尾不是例行公事,而是充满交流,令观众对节目有归属感。

(《新闻周刊》2010 年 1 月 23 日)

示例分析:上面所举是某一期《新闻周刊》主持人的开场和结尾。主持人快人快语,言之成理。内容结构简约,语言简明,作为一档新闻评论类节目,它具备"着眼现实,理性思考;百姓情怀,专家视野"的特点,令观众有共鸣有收获。

2. **生活服务类主持示例**

主持人:大家好,欢迎走进《绿色空间》,今天我们谈的是水。俗话说,远水解不了近渴。但在现实生活中,事情并不是这么绝对。怎样解决缺水的问题,奥秘恰恰就是怎样让远水解近渴。美国亚利桑那州菲尼克斯市坐落在西南部的索诺兰沙漠上,因为北方城市的灿烂阳光和经济机会,人们涌向了这里。上个世纪 70 年代以来,这里的人口增长了 80%。本地的水远远满足不了生活和经济发展的需求,于是人们从 500 多公里之外,引来了克罗拉多河水。看上去这似乎是个成功的范例,但事情绝不那么简单。原先需要河水哺育的地方是否会受其影响呢?

【分析】主持人开门见山说"水",点明"远水解近渴"是解决缺水的方法,并举了美国亚利桑那州菲尼克斯市作为例子。说到这里,主持人又发出疑问"原先需要河水哺育的地方是否会受其影响呢"?可以说,主持人这一段话起到了介绍作用,解释作用,并通过疑问起到了激发观众兴趣和引出下文的作用。

主持人:我们面临着一个更加雪上加霜的境地:水资源污染。有限的水,会是干净的吗？世界上传播最广的疾病中有一半都是直接或间接通过水传播的，今天全世界由于水污染而产生的疾病每年使1500万人丧生。能喝口干净水，这是一个多么基本的微不足道的要求，然而对于这个地球上的许多人来说，这还是个梦想。为了能喝上干净的水，人们一直在努力着，下面我们就去莱茵河畔看一看。

【分析】主持人直接提出第二个问题“水资源污染”，通过列举数字和发表议论，引起人们的共鸣。主持人的“点睛”作用和串联功能落实得很好。

主持人：水资源的管理成为21世纪人类最大的挑战之一，世界各国政府和科研人员为解决水危机在不断地作出努力。从海洋里廉价地大量提取淡水是人们长期的梦想。早在400多年以前就有人提出海水淡化的问题，进入20世纪后，海水淡化技术随着水资源危机的加剧有了加速发展。70年代以来，更多的沿海国家由于水资源匮乏而加快了海水淡化的产业化。想一想这些水有没有可能有朝一日从我们的水管中流出，变得可以喝，可以用。果真如此的话，那水的话题将变得轻松多了。感谢收看今天的《绿色空间》，下期节目我们将一起走进非洲，讲述非洲的植被保护。朋友们，再见。

【分析】在结束语中，主持人并不是简单的道别，而是继续提供水资源保护、管理和开发方面的新信息，并介绍了下一期节目的内容。

（《中央电视台绿色空间·生命之水》）

示例分析：整体看来，这三段出镜主持，内容各有侧重。主持人不但很好地串联起了节目，而且语言通俗易懂，信息饱满，议论适当，能抓住观众的兴趣，很有表现力和吸引力。

五、模拟主持训练

习题183　将下列材料改编成新闻评论类节目，时间2～3分钟。

“人说世界杯就像一场战争，你怎么看？”“你如何看待富士康自杀事件？”“你怎么评价最低工资制？”如果你对周遭发生的一切漠不关心，每天只顾埋头在无穷的题山卷海之中；如果你只关注最近一次的模拟考试排名，从未想过仰望星空，看看浩渺的宇宙……一旦你的生命里充斥着这些功利化的“如果”，那么面对上述考题，相信你只能哑口无言。

这些灵活而又贴近现实的题目，是香港的大学在广州招收应届高中生的面试题。据说今年香港各大学共收到内地9000多名学生入学申请，其中5000人获得面试资格，最终将录取300人。在只有3.3%的录取率下竞争的，是来自全国各地的优秀高中毕业生。就拿香港科技大学在内地招生录取来说，该校计划招生150人，面试资格线就是根据往年清华、北大录取线划定的。

有人将境外学校在内地的招生录取比喻为“掐尖”，而越来越多的尖子生们执著选择境外大学的原因，除了奖学金、学校在国际上的排名靠前以外，内地教育体系难以克服的顽疾不能不说是一个重要原因。

日前，复旦大学校长杨玉良在接受记者采访时称，现在中国大学精神虚脱，学校功利主义盛行，已经变成了就业服务站。其实统计一下近些年的高考状元，就能看出多数人选择的是金融、经济管理方面的专业，基础学科基本处在无人问津的地步，似乎只有那些“穷二代”才会去“主动”选择。不少研究生们则压根无暇读书，忙着到处打工积攒实习经验，或成为导师(被称为“老板”)的廉价劳动力。

我们到底为了什么而读书？是“为中华之崛起而读书”，还是为“房子、车子、票子”而奋斗？内地高校的功利之风盛行，折射出整个教育体系发展的短板。从高校的“就业服务站”到高考的应试教育指挥棒，这些功利性的“元素”毫无保留地传导给它的“上游”——高中、初中、小学，甚至幼儿园。一切为了考试，一切为了分数，一定程度上成了中国学生读书的“目的”。“只会考试”“创新能力不强”几乎成了中国学生的“标签”。而中国的一些高考状元申请美国名校被弃录，据称“失败”的原因有一条是人家不要“书呆子”。

港校的面试题，来自社会生活的各个层面，是基于培养一个“完整”的人而设的。靠死读书、读死书是考不好的。答这样的题，真的是既要仰望星空，又要脚踏实地。由此，反思内地教育的“人才”培养机制，从某种程度上恰恰既没有教会学子仰望星空，又不能引导学子脚踏实地。

是该好好想想我们到底为何而读书了。

(《新华每日电讯》2010 年 6 月 30 日，作者刘晶瑶)

习题 184 将下列材料改编成服务类节目，时间 2～3 分钟。

6 月 6 日迎来传统节气之一的芒种。保健专家提醒说，此时节，气温升高，天气炎热，已经进入典型的夏季。值此时节，公众要防“中暑”和“热感冒”。

芒种是农历二十四节气中的第九个节气，也是进入夏季的第三个节气。此时节的一个显著特点就是，气温升高，天气炎热。尤其是在我国长江中下游地区，空气非常潮湿，天气异常闷热。

养生保健专家张东生表示，在高温、高湿的天气里，公众要格外注意预防中暑。白天出门最好打伞和戴帽子，要充分饮用凉开水、饮料，并加少量盐，以补充体内盐分，还要保证充足的休息和睡眠，避免过度劳累。另外，为预防中暑，可随身携带人丹、藿香正气水、清凉油等。此外，为振奋精神和避免中暑，公众还应注意多食含钾食物，如海带、豆制品、紫菜等。

保健专家还提醒说，芒种时虽然天气已经炎热，但注意不要因为室内外的温差太大而得“热感冒”，并且还要注意清除蚊虫。因为有时蚊虫就是疾病的传染源，所以在夏季要注意保持清洁，经常在阳光下晾晒衣物，以防疾病缠身。

(新华网天津频道 2010 年 6 月 6 日，作者周润健)

习题 185 将下列材料改编成新闻评论类节目,时间 2 分钟。

教育的五种误区:

暴力教育:心理学家通过分析大量案例后得出结论:经常挨打的孩子会出现说谎、懦弱、孤独、固执、粗暴、怪僻、喜怒无常等一些不良心态和心理偏差,而这些不良心态和心理偏差是一颗随时都会长出毒芽的种子。

谎言教育:当成人不遵守诺言时,孩子也会弃诺言如粪土。他们会从欺骗中学会欺骗,从不守诺言中学会言而无信。

蒙昧的性教育:当孩子对性睁着一双好奇的眼睛时,大人们却让他们自己在黑暗中摸索。不正常的、畸形的性教育,造就了大量不幸的人格、不幸的人生。

缺失的道德教育:当孩子到这个世界时,他们不懂得什么是美丑,什么是恶善,父母的心理和人格决定着孩子的生命的品质。如果他们的父母善恶不明,也许他们的孩子也会善恶不明。

尊重孩子:家长或教师对孩子的"心灵施暴"是一场"看不见的灾难",它会使孩子自尊受挫,人格扭曲,甚至会将孩子推进万劫不复的地狱。

(新华网)

习题 186 以下列材料为基本素材,主持一档节目,时间 3 分钟。

(1)长大的过程,就是不断获得自由的过程,也是学会管理自己情绪的过程。我们的不自由,通常是因为来自内心的不良情绪左右了我们。一个能控制住不良情绪的人,比一个能拿下一座城池的人强大。

(2)从前,在一个水池里,住着一只坏脾气的乌龟,他和来这里喝水的两只大雁成了好朋友。后来,有一年,天旱了,池水干涸了,乌龟没办法,只好决定搬家,它想跟大雁一起去南方生活。但它不会飞,于是两只大雁用一枝树枝,叫乌龟咬着中间,大雁各执一端吩咐乌龟不要说话,就动身高飞。

他们飞过翠绿的田野,飞过蔚蓝的湖泊。地上的孩子们看见,觉得这个组合很有趣,拍手笑起来:"你们看呀,那只乌龟很滑稽啊。"乌龟本来得意扬扬的,听到嘲笑后大怒,就想开口责骂他们。口一张开,就跌下来,碰着石头死去了。

大雁叹气说:"坏脾气多么不好呀。"

实际上,情绪一坏,一个人就在心理力量上被解除了武装。

(3)有一个男孩,很任性,常常对别人发脾气。一天,他的父亲给了他一袋子钉子,并告诉他:"你每次发脾气时,就钉一颗钉子在后院的围墙上。"

第一天,这个男孩发了 37 次脾气,所以他钉下了 37 颗钉子。慢慢地,男孩发现控制自己的脾气要比钉下一颗钉子容易些,所以,他每天发的脾气的次数就一点点地减少了。终于有一天,这个男孩能够控制自己的情绪了,不再乱发脾气了。

父亲告诉他:"从现在起,每次你忍住不发脾气的时候,就拔出一颗钉子",过了许多天，男孩终于将所有的钉子都拔了出来。

父亲拉着他的手，来到后院的围墙前，说："孩子，你做得很好，但是现在看看这布满小洞的围墙吧，它再也不可能回复到以前的样子了。你生气时说的伤害别人的话，也会像钉子一样在别人心里留下伤口，不管你事后说了多少对不起，那些伤痕都会永远存在。"

可见，情绪会伤害别人，甚至让人无法复原。

(4)我们可以做一个试验：如果你做出一个微笑的面容，那么你的心情就立即会感到增加了几分愉悦。心理学的研究表明，不但情绪可以影响人的行为，而且反过来也可以影响别人的情绪。人不仅可以在心理上控制自己的情绪，而且现代生理学的研究表明，人对自己的血压、心跳等等都可以进行控制。何况情绪？

(5)控制情绪的方法很多，比如：

①转移：将注意力转移到愉快的事情上去。

②分离：分散你的烦恼，把它们各个击破。不要把这个烦恼与别的烦恼联系起来。不要自寻烦恼，人为地加以放大。具体的烦恼，具体地解决，不要算总账。

③弱化：减弱你的烦恼，对于非原则的刺激，我们必须学会紧紧地把住闸门，尽可能不听，不看，不感觉，不让它输入。如果输入了，就尽可能不联想，不思考，不记忆。

④体谅：生气，是因为别人的过错而惩罚自己。原谅了别人也就饶过了自己。另外，将对方看作一个客观存在的事物。

⑤解脱：就是换一个角度看问题。从更深更广更高更长远的角度来看待问题，对它做出新的理解，以求跳出原有的局限。使自己的精神获得解脱，以便把自己的精力转移到自己所追求的目标上来。如"塞翁失马，焉知非福"，就是经典的解脱思维。

⑥升华：把强烈的情绪冲动引导到积极的、有益的方向上去，使之具有建设性的意义和价值。

⑦抵消：寻求另外一种刺激。如隔壁邻居大声开着音乐，使自己心烦意乱，使用前面的方法无效时，不妨自己打开音响，播放自己喜欢的音乐……

⑧利用：把坏事变成好事。一是利用时机和客观条件，二是对情绪本身的利用，把情绪升华成力量。

⑨表达：书写，谈心。

随着对情绪的有效管理和利用，人就会越来越自由，越来越潇洒。树欲静而风不止，真正的自由就是表现在：树根的坚定，树干的力度和树枝的飘摇自如，三者和谐统一。

第六节 自我介绍

播音主持专业面试时，有的院校将自我介绍作为一项测试内容明确地写在了招生简章上。另外一些院校虽然没有把它直接作为测试内容，但在考试过程中，考官也会随机要求考生介绍自己。自我介绍是考生展现专业能力，给考官留下良好印象的重要机会。

一、考查要点

在面试环节设置自我介绍有其测试价值，主要体现在以下方面：

1. 内在素养

一般而言，考生在自我介绍环节提供的都是个人的爱好、特长、专业经历、获奖情况等正面信息。考官可以通过考生的介绍了解其原有的内在素养，或者从考生提供的信息切入话题展开进一步的交谈。比如：

考生：……我喜欢文学，爱好书法，而舞蹈是我从小就开始练习的专业，我觉得我与艺术挺有缘的。选择播音主持专业，我认为自己是有优势的，我可以发挥自己的艺术悟性，学好播音主持专业……

首先，考官可以基本肯定考生在诸多门类中，可能接触文学、书法和舞蹈更多一些。其次，考官可以借此提问：

考官1：你喜欢文学，你能介绍一位你最喜欢的作家吗？

考官2：你学了几年舞蹈？你觉得舞蹈带给你了什么样的影响？能详细说明其中一点吗？

考官3：你刚才提到了艺术悟性。你能再详细地说说你对艺术悟性的理解吗？它对你学好播音主持有何具体帮助呢？

……

2. 表达能力

有的考生稿件播读不错，可一旦脱离稿件，语言问题就较多。这种情况在自我介绍中也能得到一定程度的反映。再如，自我介绍时，许多考生习惯背稿。如果自我介绍出现较为明显的“背诵”痕迹，考官可以初步判定该考生脱稿能力和交流意识不佳。还有，自我介绍环节同样可以考查考生的语音发声和基本的表达能力等情况。

3. 思想情况

大多数考生会比较实际地谈自己的情况，但也存在一些考生为了给考官留下“好”印象，不顾实际吹嘘自己。通过交流和追问，考官可以有所察觉。

综上所述，自我介绍虽然表面上看起来是“说说你自己”，但是往往暗藏很多考点。考生是否能明确，关系到如何准备以及准备的质量。

二、常见问题辨析

1. 失信

有的考生为了建立良好的“考官印象”，不惜弄虚作假，给自己“镀金”，比如，编造爱好、特长和得奖情况等。这些都是失信的表现，考官通过即时问答可以察觉一二。

2. **功利**

功利是指考生在自我介绍中明确提到或暗示自己报考该专业是出于成名之心。羡慕播音员主持人作为公众人物光鲜亮丽的台前形象；希望能拥有高收入，希望得到大众的追捧。有的也会提到，因为自己无法学好文化课，故选择播音专业。这实际上暴露了考生肤浅的专业认识。殊不知，播音主持专业有较为严格的专业要求，专业训练难免枯燥，成功之路也并不是一条坦途。

3. **夸张**

这是不少考生出现的问题，比如："我从小热爱电视，希望成为电视节目主持人。许多人都说我无论形象气质还是内在素养，都适合做电视节目主持人……我叫×××，一个为电视而生的女孩"！如此介绍自己，毫不谦虚不说，从实际情况看，往往也名不副实。尤其是"为……而生"的说法，如果不是在某一专业领域表现出极佳的潜质，获得极高的成就，那就言过其实了，自我介绍时应该避免。

4. **散乱**

散乱是指考生在自我介绍中谈到了与个人有关或无关的很多方面：性格特点、出生年月、出生地、家庭状况、家乡美景、理想、奋斗的决心、他人的评价等等，有的还会提及自己的星座、属相等旁枝末节，中间不知所以地夹杂一些格言警句、诗词歌赋。听完这样的介绍，往往令人难以理清头绪。

5. **啰嗦**

指考生在某一点问题上反反复复地说。这样的考生往往比较细心，又极为看重自己的某一方面品质。但即便如此，考生也应明确，"自我介绍"点到即可，不可能长篇大论。

6. **背诵**

自我介绍的内容，考生提前可以做准备。有的考生通过几个月的准备，因为太过熟练，到了考场就声情并茂地朗诵起来。这样"背诵"而不是"交流"的表达方式，显然会给人留下刻板的印象。

7. **冷淡**

冷淡指两方面：其一，考生明确提到"是我妈妈让我报的"、"我爸爸希望我成为播音员"等，暗示自己在主观愿望上对专业没有热情。其二，考生在表达上由于说话习惯或心理紧张，声小气弱，语调平淡，语尾下泻，语气里没有热情，显得不愿意推荐自己。

三、思路点拨

1. **提供可信的内容**

考生应自觉提供可信的内容。如果考官发现考生的介绍有失信之处，会给考官留下很不好的印象。而且，考生怀揣梦想报考播音主持专业，希望参与大众传播事业，就应该尊重客观诚信的传播原则,所以在面试时一定要诚实。

2. 有重点地介绍自己

考生在考场上作自我介绍时间很短,让考官快速记住自己的方式不是出奇搞怪,口出狂言,而是有重点地介绍自己。上文提到,有的考生"全面"地介绍出生年月、出生地、家庭状况、家乡美景、性格特点、理想、奋斗的决心、星座、属相,并夹杂格言警句、诗词歌赋。这实际上是给考官出难题。听完介绍,考官头绪繁多,云里雾里。因此,自我介绍不求大而全,但求小而精,线索清晰,要点明确。

3. 建立个性特点和主题的关系

自我介绍时当然要谈到个人特点。但仅仅是说到性格,恐怕还不够。试想,你和朋友介绍自己的性格与你对考官介绍自己的性格特点能一样吗?再进一步,你向不同专业的考官介绍自己的性格特点,恐怕也应略有差异。道理在于,不同的环境、不同的对象以及自己不同的语言目的决定了你应突出性格的哪些方面。因此,自我介绍要结合主题说明个人特点,变"特点"成"优点",给人留下"适合这一专业"的印象。

4. 语言朴实,表达诚恳,依稿"说话"

首先,遣词造句要朴实准确。那些不必要的形容词不说明问题又占用时间,还给人留下浮夸的印象,删去为宜。其次,遣词造句要符合口语特点。第三,在脱稿的表达练习中,语气要诚恳,整个基调自信而不自满,谦和而又热情,在语气和节奏上要与听者呼应。第四,多做脱稿练习,直至能流畅自然地表达为止。

四、案例分析

各位老师好!我叫贾男,贾是贾宝玉的"贾",男是男生的"男"。很显然,我的名字和我的性别很般配,"假男生"就是"真女生"嘛。父母给我取这个名字,是希望我可以像男子汉那样坚强,而我的目标是,既要有坚强的一面,又要有女孩子优雅的特点。

【分析】(1)开门见山,告诉考官必要信息——姓名。(2)运用姓名适度调侃,显得松弛自然。(3)借用名字暗示性格特点——坚强与优雅并存,同时展现了自己有主见又不武断的积极形象。

我喜欢编导专业和我喜欢看电视有关。我很喜欢湖南电视台的"快乐大本营"。有一次,大概是……的时候,节目结束以后,我从字幕上看到了"编导"这个职务。当时才明白,原来这么好看的节目都是编导制作出来的。所以我觉得做一名编导,能给大家提供好节目是一件很快乐很有意义的事。

【分析】该生报考的是编导,她很自然地将这一专业志愿与平时爱好联系起来。同时,在言语之中还表达了其所以报考编导专业,是因为希望发展自己兴趣和创造社会意义,没有过分的功利取向。

我是粗线条性格特点,平常比较豁达,不拘小节。这样有个好处,就是朋友比较多,跟同学相处得都很融洽。即便是男生，也很乐意跟我交朋友。我努力把这种性格培养成一种优点，将来做个有人缘、有观众缘的好编导。

我平常喜欢阅读，最喜欢的是历史方面的书，比如《明朝那些事儿》。我觉得，它们帮助我超越了历史教科书的条条框框，使我能更细致更具体地认识历史以及历史中的人和事。我尽力把读书的这个爱好发扬成我的第二个优点，将来能做个有学问、能思考的好编导。

【分析】提到了自己两方面特质：豁达、好读书。并且，将这些特质很自然地与“编导”联系在一起，让“特点”成为“所报考专业的优势”。

我是一名小小的高中女生，而做编导是我大大的梦想。我追逐我的梦想，也愿意为它努力，为它付出汗水。

我是贾男，来自×××，谢谢老师！

示例分析：在这段自我介绍中，考生很好地将自己的兴趣爱好与专业志愿联系了起来。而且这部分文字在量上比较适当，没有洋洋洒洒地抒情。最后重提“姓名”，加深记忆。总体而言，这份自我介绍可信、可亲，较为成功。

五、自我介绍训练

习题 187 自设角度，谈谈你的优点，并说明作此评价的理由，时间不超过 2 分钟。

习题 188 自设角度，谈谈你的缺点，并说明作此评价的理由，时间不超过 2 分钟。

习题 189 自设角度，谈谈你的特点，并说明作此评价的理由，时间不超过 2 分钟。

习题 190 10 个人一组，每人进行 2 分钟的自我介绍，展开“让你认识我”或“让你重新认识我”的活动。

习题 191 假设你马上要参加播音主持专业面试。请准备 10 分钟，做 1～2 分钟的自我介绍。

习题 192 你希望成为一名环保志愿者，而恰逢某环保公益组织在招聘志愿者。请你准备 10 分钟，做 2 分钟的自我介绍。

习题 193 假设你参加了某城市形象大使选拔大赛，请你准备 10 分钟，做 3 分钟的自我介绍。

习题 194 某电视台正在招聘少儿节目主持人，你参加了这次面试。请你准备 10 分钟，做 1 分钟自我介绍。

习题 195 某学习用品公司正在招聘暑期用户调查实习生，你参与应聘，并被通知面试。请你准备 10 分钟，做 2 分钟的自我介绍。

习题 196 这是某人为参加高校播音主持专业面试的朋友撰写的自我介绍。你认为合适吗？如果合适，为什么？如果不合适，为什么？你认为应该如何调整？

尊敬的各位评委老师，你们好！我是××号考生×××来自×××。

首先，非常感谢各位评委老师给了我一个展示自我的机会和平台，来实现我的理想。我是一个性格开朗，爱好广泛的女孩。从小我就有一个愿望，长大后一定要做一名优秀的播音主持员。随着岁月的流逝，花开花落，我也慢慢地长大了。而这种愿望也愈加强烈，就像农者与其锄头一样，对播音主持这一工作我也愈加地痴爱。在求学的 12 年中，我在学好文化课的同时，又不断地从知识的海洋中广泛汲取营养，充实自己，增强自己的能力，提高自己的认识，从而能更好地把握自己的未来，实现自己的理想。就像歌者用曼妙的歌声去表达自己的感情，就像舞者用轻盈的舞步去阐释自己的信念，而我将用我的声音去传递我对播音主持的挚爱。

我知道，成功的道路上，并不是一帆风顺。虽布满荆棘，但是我也会不畏艰难，勇往直前，紧握着自己的梦想不放，固执地守候，真诚地期待。我希望大家能够给我一次机会，让我在更高、更神圣的知识殿堂里深造，破茧成蝶，化蝶成舞，无限接近播音主持那份光华与荣耀。以我所学，通过我声音，去传达中原人开放的热情，让世界去聆听新世纪中国的声音和呼声！

（个人简历网 2009 年 10 月 22 日）

习题 197　这是某人应聘某广播电台播音主持岗位时所做的自我介绍。你认为合适吗？如果合适，为什么？如果不合适，为什么？你认为应该如何调整？

总觉得，这个社会如果少了广播播音一定会很枯燥。一直觉得广播播音能给人们带去很多快乐。所以播音主持这个专业成为我的追求。因有着这个追求，我努力着，奋斗着。终于，在忙碌的大学生活中，我完成了自己的心愿。

无疑，大学生活让我长大了许多，也得到了许多。以前的幼稚被时间蒸发了，被初阳蒸融了。现在的我变得坚强和勇敢，是个有志气的青年和奋斗者。

当初，我选择了自己喜欢的专业：播音主持。它让我变成了一个有气质有修养的女孩，做任何事情也都有了自己的原则。我有很多朋友，有同学，也有老师，在他们身上我吸取了很多优点，也改掉了自己很多缺点。在我的艺术之路上会有很多挑战，不过我都会欣然接受。我喜欢挑战，喜欢艰苦的环境，它会让我变成一个具有坚强意志的人。我的文化课虽然不是很好，但我问心无愧，因为我付出了我所能付出的一切努力。我会勇敢地面对我的选择，无论前方是泥泞小路还是康庄大道，永不言弃会是我永远的信念。

我的优点是诚实守信、待人热情、性格坚毅。我认为诚信是立身之本，所以我一直以此来要求自己。当然我也有很多不足之处，我有信心改掉坏习惯，努力工作，把播音事业做得更好。充满自信的我，会不断适应社会的发展，也一定能在不断变化发展的社会洪流中乘风破浪。

不是有句话说："自己选择的路就是跪着也要走完"吗？为了我的梦想，为了我的诺言，我会奋斗到底，坚持不懈。

（应届毕业生网 2009 年 8 月 11 日）

习题 198 某人为参加高校播音主持专业面试撰写了自我介绍，并请他人做了修改。请比较两份介绍，并思考修改前的介绍合适吗？如果合适，为什么？如果不合适，为什么？修改后的介绍有改进吗？如果没有改进，你有新的建议吗？

(1)修改前的文稿

各位老师你们好。我的名字叫薛寒，虽然寒是寒冷的寒，但是我却有一颗火热的心。我是一名高三学生，今年 18 岁。

我是一个活泼开朗，充满梦想，对播音主持艺术、朗诵、解说、配音充满追求的女生。我来自××第六中学，在班级组织活动时，我会积极参加。在老师和同学面前表现自己——我觉得这才是我真正想要做的。我的爱好是写作、唱歌、画画。我现在学文科，喜欢文学、政治、历史。平时没事时自己很爱写一些小文章，曾于初中二年级时在全国金苗杯作文大赛中获得二等奖。同年又有另一作品《二十年后的我》发表在××报纸上。高中一年级时参加了××电台举办的“我的 FM 最流行网络歌手大赛”，获得第三名。学校的生活一点一滴地充实我，给我梦的翅膀充实着羽毛，也为我在今后的工作积累着经验。

等我能真正面对播音主持镜头露出我的微笑时，我想我就有资格报答父母对我的理想的支持，和老师对我的培养了。虽然目前我还没有经过专业的训练，但是我相信自己，热爱自己所选择的专业。所以我会尽力将它做到最好，于自己，也就没有一点遗憾了。

今天，你们给了我这个机会站在这里，这也是我自己的愿望，我希望到贵校继续深造，让我离梦想更进一步。

谢谢！

(2)修改后的文稿

老师，您好！18 岁的我来自××，我叫薛寒。今天我终于有机会能在这么多专家老师面前，大胆地说出我曾悄悄对妈妈说的心里话了。我曾指着电视里 CCTV 新闻联播的画面对妈妈说：“妈妈，总有一天，我也会在里面，成为一名出色的新闻主播的。”当我郑重其事地对妈妈说这句话时，在妈妈惊愕的表情里我看到更多的是鼓励与期盼。

是的，从第一次带着好奇在校广播站朗读自己的作文，到参加各类征文和演讲比赛。现在每每在广播里听到播音员和主持人带来的精彩的节目，在电视里听到李瑞英老师字正腔圆地播报，看到王小丫的睿智大方、欧阳夏丹的聪慧敏捷，一种强烈的渴望就会不断激荡我的内心。

我不断地多听多看多揣摩，在丰富知识的同时，还参加各种文艺比赛，从多方面锻炼自己。唱歌是我的爱好之一，歌曲创作更让我发挥了自己的天赋，像《×××》《×××》等几首充满青春气息的原创歌曲，在学校和网络上都很受欢迎。

但愿我能成为××院校的一员，但愿我不会令老师失望，但愿我能在来日为××学校的校史再添辉煌一笔。

请记住我，薛寒，一个俏皮又很仗义的女孩。

（百度空间）

本章小结

本章按题型分类，对包含即兴评述元素的主要题型进行了讲解。俗话说，知己知彼，百战不殆。本章每节都讲解了面试考查要点，有利于考生更有针对性地进行自我学习和考前准备。“对症下药”是解决问题的关键，初学者可以对照“常见问题辨析”检查问题，尝试独立分析自己的问题，并设计训练加以改进。每节都设“案例分析”，目的是希望大家从“榜样”中汲取无穷力量，化抽象为形象，在分析中得到启发。针对不同类型，我们安排了一定量的习题，训练时，不但要结合本章的知识点，也要运用前两章的学习成果解决问题。

第四章　习题汇编　综合练习

一、即问即答练习题

示例 1:你认为主持人的主持过程中应不应该含有表演成分?

我认为,主持人的主持过程中是否借鉴表演,不能一概而论。绝大多数节目并不需要主持人扮演特定角色,比如承担现场报道任务的记者型主持人,主持过程中应该努力追求事实真相,无论是讲述事实,还是表达态度,都应该是客观真实的,不应该含有表演成分。不过,有的情况下,主持人可以借鉴表演手段,融入表演成分。比如,中央电视台少儿节目中的"金龟子",适当借鉴表演可以更好地完成主持。比如,有的娱乐节目主持人在主持时,直接参与游戏和表演,这就难免含有表演成分。总之,主持人不必与表演完全绝缘,如何处理主持过程的表演元素要具体问题具体分析。艺术门类之间相互借鉴无非是为了更好地传情达意,如果通过表演传递的是虚情假意,那就绝不应该。

示例 2:谈中庸之道。

中是不偏不倚的意思,庸是平常的意思。因此,对于中庸之道,我从两方面理解:第一,中庸之道不是什么都取二分之一的折中主义,它提醒我们说话办事要恰到好处,要调和客观环境、主观愿望和事物规律之间的关系。有的人做什么都畏畏缩缩,有的人对什么都半信半疑,有的人说什么都半真半假,这不是中庸之道;有的人想过把瘾就死,今朝有酒今朝醉,这些激进的想法也不是中庸。中庸是客观平衡的,既需要适可而止的良好心态,又需要多样平衡的智慧,还要有尊重规律、遵从规律的稳健作风。第二,中庸之道不但提醒我们要按规律办事,而且提倡我们将此作为习惯,融入日常的生活、学习和工作当中。以上是我对中庸之道的个人理解。我想,只要正确理解,中庸之道可以真正滋养我们的生命和生活。

示例 3：如何认识音像制品盗版现象？

盗版任意占有他人的劳动成果，伤害了创造者的正当权益，极不道德。因此我反对盗版音像制品。但为何会出现盗版现象呢？我想谈两方面原因：第一，唯利是图滋生盗版现象。通过盗版可以获得利益，这是不言而喻的。不法商人经受不住利益的诱惑，因而不惜违反人情法理。第二，贪求便宜支持盗版现象。大多数人都或多或少知道盗版的危害，但是作为消费者，由于盗版音像制品价格非常便宜，所以许多人选择了买盗版音像制品。仅从这两方面来说，音像制品盗版能大行其道，不但是文化管理方面的问题，也是人心追逐利益的结果。

示例 4：你认为应该“爱一行干一行”，还是“干一行爱一行”？

如果可以选择，当然爱一行干一行最好。学习自己钟爱的专业，从事自己感兴趣的工作，这是大多数人的心愿。在现实条件允许的情况下，根据个人兴趣选择专业和工作，这值得提倡。随便选择，消极适应，让工作成为负担，其实既辜负自己，又耽误工作。不过，生活很难万事如意。因此，如果没得选择，要干一行爱一行。既然已经走进了某一专门领域，那就要发挥自己的聪明才智，去了解它、熟悉它、学习它，进而能够完成它，创造它，甚至最终热爱上它。因此，我们应该努力在兴趣和工作之间取得平衡，获得创造的动力。否则，光有兴趣，没有创造，兴趣的社会价值不大。而拒绝深入，消极怠工，又哪能体会到其中的乐趣？总之，爱一行干一行很幸运，干一行爱一行很可贵。

习题 199　你如何看“皇帝的女儿不愁嫁”？

提示：这一问题起码有两种答案。其一，认同“皇帝的女儿不愁嫁”。说明真有“熏染”，真有内蕴，才是“皇帝家”的女儿。这样的“女儿”当然“不愁嫁”。案例如优秀大学毕业生的就业之路较为畅通，某品牌过硬的产品在市场竞争中脱颖而出等。其二，认为“皇帝的女儿不愁嫁”是假象。说明“并不是做了皇帝的女儿就万事无忧”，光有名号，没有实质，无法在激烈的市场竞争中取胜。案例如研究生、归国留学生等这些“天之骄子”，如果没有真才实学，就业时同样不占优势。答题的关键在于结合实例，对“皇帝的女儿”作不同的理解，并切实说明“愁嫁”或“不愁嫁”的原因。

习题 200　你如何看“美与丑”？

提示：先简单谈谈什么是美，什么是丑。然后，说明美与丑之间的关系。美和丑都是较为抽象的概念，回答时应避免大而空，免得绕来绕去说不清。题中既然要求“你”，不妨结合自身经历，从某一个领域，某一个事物切入，有所限定地展开个人看法。比如，“我想从爱情的角度，谈谈自己对美与丑的理解”。

习题 201　如何看待艺术创作中的“俗”与“雅”？

提示：如何判定艺术创作中的俗与雅，对于广大考生来说，很难从理论层面去梳理。

因此，我们不妨结合某一具体的艺术形态谈自己对于俗与雅的理解。比如，“结合电视娱乐节目，谈谈自己对于艺术创造中俗与雅的理解。”先结合实例，说明俗与雅的概念，随后再阐释俗与雅的关系。

习题 202　怎么理解艺术创作中的“真实”？

提示：艺术的真实源于生活的真实，艺术的真实又高于生活的真实。考生可以以此为基本观点，结合某一艺术形态，简单说明这一观点，说明“追求艺术的真实，可以帮助我们重新获得生活的感受，更深刻地认识生活的真实”。

习题 203　如何认识克隆技术的出现和发展？

提示：克隆是“利用生物技术由无性生殖产生与原个体有完全相同基因组之后代的过程”。从技术上去说明克隆技术的出现和发展，对于一般考生而言，难度太大。在了解克隆技术基本含义的基础上，考生不妨谈谈，克隆技术出现对人类社会的影响，可以做合理的联想。比如，“通过克隆，多了一个‘我’，生活会变成什么样”。考生可以任选角度展开，然后简单说明自己对克隆技术的出现和发展所持的态度。

习题 204　如何评价民族英雄？

提示：既可以任举一位人所共知的民族英雄进行评价，也可以笼统地说明自己对民族英雄这个概念的理解，以及民族英雄在当下的意义，进而揭示“评价和认定民族英雄虽有时代限制，但是古往今来的英雄豪杰、志士仁人都表现出了舍己为人、舍生取义的伟大胸怀”。

习题 205　“枯藤老树昏鸦，小桥流水人家，古道西风瘦马。夕阳西下，断肠人在天涯。”用自己的语言把这首词描述出来。

提示：除了顺着词句如实地描述景物外，考生要特别注意景物与人——“断肠人”之间的呼应。既应描绘暮色苍茫的秋野图景，又应突出独行寒秋的天涯游子内心深处的无尽伤痛。语言要表现出“秋思”的基调，力求情景交融。

习题 206　你是追星族吗？如何看待青少年追星现象？

提示：先明确说明自己是否追星，然后再展开评价。对于青少年追星现象，不妨以理性崇拜为基本立场，任选视角谈自己的观点。如“青少年追星表达了个人的审美追求和梦想，只要不失理性，家长应该支持”；“崇拜的对象往往从各个方面影响青少年的成长，家长、学校和青少年自己都应对偶像进行理性思考”；“青少年追星要注意分寸和方式，不可失去理性，不可狂热，如果在追星中迷失自己，那就得不偿失了”如此等等，确立好观点，然后结合自己的经历和见闻，稍作说明即可。

习题 207　你如何看待中学生的审美观？

提示：考生不妨从下述任一视角切入，“中学生的审美观多样化”、“中学生的审美观还比较稚嫩”、“中学生应该有审美观”、“中学生的审美观需要引导和塑造，家庭和学校要引起注意”等。结合自身的实际和身边的同学朋友的情况，简单说明观点。比如，结合中学生对音乐的选择情况，说明中学生审美观的多样化。

习题 208　你认为做一名新闻工作者应具备哪些基本素质和修养？

提示：一名新闻工作者，应该具备较高的专业素养，比如较高的专业追求、恒久的从业热情、前沿的专业理念、熟练的采编能力等；同时还应该具备较高的综合素质，比如可信赖的价值观、较高的道德追求、深厚的文化素养、丰富的阅历、健康的体魄、较强的心理素质等。考生可以从综合素质和专业素养两方面，根据自己的观察和思考进行概括和总结。

习题 209　为什么说一个优秀的电视节目主持人必须具备较高的文化修养？

提示：主持人的工作要讲求传播的品质、语言的质量、内容的引导。这一切都仰赖于主持人自身的学习能力和内在储备，仰赖于主持人的消化和理解。优秀的电视节目主持人更是以此为根基。考生可以以此为基本观点，任举一主持人案例，简单阐释。

习题 210　跟报刊杂志比起来，广播电视的优势分别是什么？

提示：此题主要考查考生的媒体素养，可以谈及以下方面：(1)广播电视更直观可感。(2)广播电视更快捷迅速。(3)广播电视受众的接收门槛较低。(4)广播电视节目类型多样，形态丰富。如此等等，考生还可以自己概括，稍作阐述即可。

习题 211　你对节目创新有什么看法？

提示：结合自己看过的节目，不妨问问自己，“为什么创新”、“如何创新”、“当前节目创新的不足点”、“当前节目创新值得学习的地方”、“创新的效果”等，然后择其要点，稍作阐述即可。

习题 212　你认为内地节目主持人与境外节目主持人有什么不同？

提示：该题主要考查考生对主持界的关注度，并考查其对专业问题的认识能力和分析能力。考生不妨有选择地比较某一类节目的主持情况，比如新闻类、综艺类、生活服务类等。选定视角以后，考生应有所概括，比如风格层面、能力层面、方式层面。择其要点，简要谈谈即可。

习题 213　年龄是否会成为主持人的一个障碍？您如何看待这个问题？

提示：考生要先下判断，然后说明理由。其实现实生活中，年龄是否成为主持人的障碍，因人而异，因此答题关键在于理由的说服力。整体而言，主持人队伍中，年轻人有，年长的人也有，年龄不是障碍。但是具体而言，栏目风格、节目内容、受众的欣赏习惯又往往对某一具体栏目的主持人暗含年龄的要求，因此，不得不承认，某些情况下，年龄会成为主持人的一个障碍。考生可以根据自己的思考和判断回答这一问题。

习题 214 能谈谈你最喜欢读的一本书吗？

提示：明确说明自己最喜欢的书是哪本，并简明扼要、条分缕析地说明理由。阐述时，考生要有所概括和提炼，切忌琐碎地描述书本内容。

习题 215 你在成长过程中遇到过哪些挫折？如何解决？

习题 216 你最擅长的功课是哪门？谈谈你的学习方法。

习题 217 你如何设计你的大学生活？

习题 218 做播音员主持人，你认为自身条件的最大优势在哪里？最大不足在哪里？

习题 219 你的人生目标是什么？你最崇尚的职业是什么？

习题 220 作为一名学生，能否谈谈你难忘的中学生活？

习题 221 如果本次考试失利了，你该如何面对？

习题 222 你觉得高中语文教材还有哪些需要改进的地方？

习题 223 谈谈你对高三生活的感受？

习题 224 你是从什么时候开始喜欢播音主持的？你认为科班出身主持人的优势在哪里？

二、话题评述练习题

（一）分别以下列词、词组或短句为题，准备 10～15 分钟，编讲一个故事，要求叙述完整，情节合理，给人以一定启发，时间控制在 3 分钟左右。

示例 1：久违的掌声

从县委书记沦为囚犯，他一下子苍老了许多。坐在台上，面对台下的囚犯和狱警，他的心里忐忑不安。

他慢慢地平静下来，扶了扶眼镜框，语速缓慢地说："我是一个农民的孩子，出生在贫寒的农民家庭，早年靠着勤奋好学，是村里走出去的第一个大学生。毕业后，我放弃在县城工作的机会，主动要求到乡下工作，因成绩突出，得到了提拔重用，由乡长到乡党委书记，再由副县长到县长，不到 40 岁我就担任了县委书记，仕途可谓一帆风顺。"

他停顿了一下，然后说："职务高了，手中的权力越来越大，求我办事的人多了，在这些人中，有跑官要官的，有跑工程项目的，有送钱送物的。在这当口，我把党性原则和组织纪律抛在了脑后，放松了自我约束，慢慢地有了攀比的念头。贪图生活享乐，把手中的权力当成了谋取私利的工具，触犯了法律，辜负了党组织的多年培养，也对不起我的父母、妻子和女儿。"

他冲破了关闭许久的情感闸门，郁闷在心中的情绪彻底地释放了出来，发言质朴、真诚，引发了全场犯人和狱警的共鸣。

入狱前，作为县委书记，各种会议，他不知道参加了多少回。每次，他坐在主席台上神采飞扬，意气风发，讲起话来妙语连珠，尤其是会场里响起掌声的时候，着实让他产生一种指点江山般的满足。而此时，听到久违的掌声在耳畔回响，他却是泪流满面。

（《正义网—检察日报》2010 年 2 月 2 日，笔者有删改）

示例 2：一张假人民币

有一天，因为要付钱给送两桶饮用水的人，小丽在出门的时候，留给保姆 100 元钱。回到家时，小丽发现桌上还躺着 100 块钱，只是旁边多了一些零钱。小丽有点儿糊涂了，就去问保姆。保姆告诉她，超市派来送水的小伙子拒绝接受那 100 块钱，因为那是张假币！保姆说，自己垫了 100 块，已经买好水了，这是找回的零钱。说着，保姆把那假币和零钱交给小丽。

真是这样吗？小丽赶紧掏出另一张 100 元的人民币进行对比。一对比才发现，真的是假币。小丽只好再给保姆 100 元。可是小丽的疑惑并没有解除，她想，我拿钱的时候，怎么没觉得是假币。这是昨天刚从单位出纳那儿领的午餐补贴，经过出纳的手的钱怎么可能是假的？小丽接着就开始怀疑，是保姆设的圈套，是保姆想得到 100 块钱，故意制造的局面。

小丽喊来保姆，又叫来楼下送饮用水的小伙子，要求三方当面对证。三个人你一句，我一句。谁也不相信谁，谁也说不服谁。到最后，小丽就赖保姆贪财，故意调的包。这下，可把保姆气哭了。一气之下，把小丽给她的 100 块钱还给了小丽，收拾好自己的东西，走了。

第二天，小丽刚到单位，单位的出纳就找过来了，满脸歉意地跟小丽说："小丽，前天我给你的餐补，那 100 块是张假币，是朋友收到让我送到银行交公的。我今天正准备送去，才发现领餐补的时候可能给了你了。那上面有个'真假'的'假'字。你看看是不是？"

小丽掏出那张假币一看，在角落里还真有个不太清晰的'假'字。她脸红了。人们都说，信赖才能创造人与人之间和谐的关系。小丽把假币还给了出纳，却不知道上哪儿去找回保姆表达自己内心的歉意。

习题 225 尴尬

提示：考生可以联想生活中的令人尴尬的场景，借用这些生活片段，展开一个故事，着重描写其中产生尴尬的细节。

习题 226 本来可以

提示：考生可以给"本来可以"补足相应的内容。比如，本来可以考得更好，本来可以不用走弯路，本来环境可以更美等等。解题时，先描述先前的做法和随之而来的过失，然后，反过来讲更恰当的选择，通过比较而明理，给人以启示。

习题 227 堵车

提示：考生可以谈谈因为堵车而发生的事，比如，去考场的路上堵车了，在好心人的帮助下总算及时赶到了考场。考生从堵车出发，只要自圆其说，情节合理，叙述完整即可。

习题 228　钥匙

提示：考生不妨从自己的学习出发，谈一谈自己学习过程中的遭遇和故事——自己如何经过一番努力，找到学习的金“钥匙”。

习题 229　邂逅

提示：在 2010 年上映的影片《唐山大地震》中，唐山大地震的幸存者姐姐方登和弟弟方达在汶川地震的救灾现场邂逅、相认。考生不妨以此为蓝本展开联想，编撰故事。

习题 230　把腰挺直了

提示：曾经有新闻报道，外国老板要求中国员工下跪的事情。考生不妨以此为蓝本，讲一个不给老板下跪的故事，并自然而然地建立故事内容与“把腰挺直了”这一题目的关系，落点在“做人的骨气”上。

习题 231　母爱昼夜无眠

提示：在汶川地震中，有一位母亲用自己的身体承受着重量，保护着自己的孩子。去世前，她给孩子留下了短信：孩子，如果你还活着，请记住妈妈爱你。“母爱昼夜无眠”这一题目讲得就是一个母爱永恒的故事，考生可以以此为蓝本，编撰故事。

习题 232　年少时的足迹

习题 233　一件难过的事

习题 234　竞选班长

习题 235　过招

习题 236　股票

习题 237　画虎不成反类犬

习题 238　英雄无用武之地

（二）分别以下列词、词组或短句为题，准备 10～15 分钟，展开评述，要求逻辑清晰，言之有物，语言顺畅，时间控制在 3 分钟以内。

示例 1：“花无百日红”

人们常说，“人无千日好，花无百日红”。再美丽的花朵，也躲不开衰败的那一天；多么风流潇洒的才子佳人，都离不了生老病死的那一日。

所以这句话首先说明了花的自然规律。世事变迁，辉煌不再，这样的事情，每天都在发生。遇到类似的事情，我们不妨拿“花无百日红”劝慰自己，让自己保留一份平常心。俗话说，平平淡淡才是真。日常生活中，我们在积极进取的同时，还应该培养良好正确的心态。

其次“花无百日红”意味着美好的事物容易失去，但不表示着我们就要消极地对待生活。相反，当我们对学习感到烦闷的时候，当我们对工作产生厌倦的时候，我们要想办法保持自己的热情。就以学习为例，刚开始的时候，很多同学会很有劲头，可没过多久就坚持不住了。这就像大自然界那些花期格外短的花似的。以这样的方式学习，效果自然不好。学习的过程是相互衔接的，现在的学习是为未来的学习打基础。如果能有规划、有目的地学习，那么热情可能就会持续得更久，效果也会更好。

第三，“花无百日红”告诉我们，美好的事物容易失去。不过，花期虽短，但年年有花期。我们在生活中，也应该积极地创造新的“黄金时期”。仍以学习为例，任何功课的学习都有重复单调的一面，但又绝不是一成不变的重叠与累加，它应该每天每月每年都会有新的变化，你可以从中找到突破，也找到乐趣。

“花无百日红”给我们诸多启示，概括而言，就是做人做事既要有积极的一面，又要留有一颗平常心。

示例 2：“人无远虑，必有近忧”

“人无远虑，必有近忧”，是说人如果没有长远的谋划，在未来就很可能会有忧患。这句古训无疑是在告诫我们，做事要有长远的打算。

未来的苦果是今天种下的，同理，今天的忧患是以往的行为导致的。例如从前的一些决定不正确，以往的一些作为不够周延，才造成现在的被动局面。而如果我们能够早一些认知、体悟事物之间的因果关系，一路检讨下来，不但能学到更多教训、经验，不致重蹈覆辙，还能强化对事物相关影响的认知，增强决策判断力，这样才能真正为将来做好准备。可见，我们除了要树立“做长远打算”的意识，还需要知道怎么做才能计划好未来。一个人在不顺利时，一定要懂得检讨过去的决策和行为。个人是如此，一个组织，一个国家，整个社会也一样。如果没有这种反思和检讨，我们恐怕就无法找到问题的根源，也不能真正吸取教训。

所以为了将来，当下我们就应该努力。一个连眼前的事物都没有办法处理好的人，日子过得肯定糊涂，又如何为未来打算呢？这句古老的谚语，要求我们远虑，并不是鼓励我们无视当下的生活。相反，我们应该认识到现在和未来是紧密相连的。我们要把今天应该做的落到实处，对将来的问题，要提早作好打算。让道理化为行动，如果只是纸上谈兵，忧患不会减少一丝一毫。因此，我们要在计划将来的同时，也要活好当下。

“人无远虑，必有近忧”。这句话充满了先人的智慧，告诫我们要未雨绸缪，不要老看眼前的事物，要深刻认识到人生旅程各个阶段之间的关系。只有看到过去，做好现在，才能真正为将来做好谋划，做好铺垫。

习题 239　哪怕功夫深，铁杵未必磨成针

提示：原来都说，“只要功夫深，铁杵磨成针”，肯定做事要有恒心，有毅力。这一命题

却否定了这一必然性。不过结合现实我们的确发现，有的人很努力地学习和做事，但是收效却未必好。可见，做事若想成功，除了有恒心，有毅力外，还要注意方法，有的时候还有机遇的问题。考生可以以此为论述的落点，结合实际有所展开。

习题 240 “小时了了，大未必佳”

提示：“小时了了，大未必佳”，意思是说，小时候聪明伶俐，但是长大后却未必有什么出色的成就。典型的像方仲永的故事。我们可以结合现实事例进行说明。因为一个人的成功除了天赋，还有自身长久的努力，以及环境和机遇的支持等因素。

习题 241 “有则改之，无则加勉”

提示：“有则改之，无则加勉”是说一个人在接受意见的时候，要有诚恳和虚心的态度，要严于律己，宽以待人。对于别人中肯的意见，要听取和采纳，不能阳奉阴违；对于自己没有的错误，别人提了，那么就当是对自己的勉励。考生在理解的基础上，结合实例说明你的看法。

习题 242 “百闻不如一见”

提示：考生可以从“百闻不如一见”中引发出来，说明我们在认识事物的过程中，要追求真相，不可道听途说，最好能亲历亲为，有独立的观察和思考。

习题 243 “前事不忘后事之师”

提示：考生可以结合实例，说明如果能从以前的实践中汲取经验和教训，我们就更容易把握新事物的规律。而不经比较和思考就贸然行事，难免会有不足。

习题 244 “运筹帷幄，决胜千里”

提示：考生可以结合实例，说明英明的谋略是成功的重要保证。

习题 245 “机不可失，时不再来”

提示：说明机会是有限的，时光是不等人的。人们应抓紧时机，敢于决断，要在时机之内有所行动，让潜在的机会，从可能变成现实。

习题 246 “近水楼台先得月”

提示：“近水楼台先得月”是说由于地处近便而获得优先的机会。考生可以结合实例，说明环境对人的发展的影响，或机遇对人的发展的影响。换个角度，也可以用以说明一个人想抓住机遇，要主动协调环境，变被动为主动，从而可以先行一步。

习题 247 “识时务者为俊杰”

提示：“识时务者为俊杰”意思是能认清时代潮流的人，是聪明能干的人。考生可以结合实例，说明人要有所成就，就要认清现实，进而说明人在成长和成功的道路上，接触社会，认识现实的重要性。

习题 248　“不识庐山真面目，只缘身在此山中”

习题 249　“己所不欲勿施于人”

习题 250　“青出于蓝而胜于蓝”

（三）结合下列命题，准备 10～15 分钟，谈谈自己的理解，要求逻辑清晰，言之有物，语言顺畅，时间控制在 2～3 分钟左右。

示例：有人说，经常原谅别人的人，他的心田一定会保持滋润。你怎么理解这句话？

首先我认同这一观点。在生活中，那些无法宽容别人的人，他的内心多多少少都有怨恨。有怨恨便会有苦毒，那么可想而知怨恨别人的人自己的内心也很难平静，也很难获得真正的快乐。

相反，经常原谅别人的人，能够将心比心，站在他人的立场考虑问题。遇到矛盾时，不但能更客观更全面地看待问题，而且，因为其“退一步”的姿态，也更容易解决问题，化解矛盾。对于一些非原则问题，选择原谅的人，往往也不会加以计较。因此，可以说宽容的人，在生活中矛盾较少，朋友更多，自然无所担忧，心宽体胖。同时，这样的人还会经常在自己身上找原因，因此总能找到进步的阶梯。如此看来，宽容的人，他的心田当然更滋润。

我想，生活在这个世界上，人是离不开人的。而人和人在一起，难免有矛盾。如果我们无法化解矛盾，不愿理解对方，不能原谅对方，那么，生活中就会有太多的死结打不开，有太多的坎坷过不去。这样的人生，怎么可能美好？幸福是个大的主题，我想，我们还是不要因为一些错别字和标点符号就把整个人生篇章都毁了。

总之，对于自己来说无私即是大私，对于恶人来说宽容就是惩罚，对于朋友来说原谅才是真正的友谊。我认为，宽容对人生是有建设作用的，因此，遇到问题，我们要多理解，少抱怨。

习题 251　有人说，傻人有傻福。傻在很多时候意味着执著和忠贞，也意味着宽厚和诚实，从而让自己最终赢得成功。你认同这一观点吗？为什么？

提示：首先要表明自己的态度，同意或者不同意。然后直接说明观点展开论述。比如，“我同意这个观点。因为，所谓的傻人往往指的是那些不耍小聪明，大智若愚的人。就像题目所提到的那样，傻人执著、忠贞、宽厚、诚实”。然后，结合事例，谈谈傻人如何凭借自己的优秀品质获得“傻福”。也可以联系影视剧中的人物，如《士兵突击》中的许三多。

习题 252　有人说，一个人起点低并不可怕，怕的是境界低。你认同这一观点吗？为什么？

提示：这一题目主要考查考生对“境界”的理解。境界是事物所达到的程度或表现的情况。思想境界是指一个人对事物的认识水平。关于“境界”一词，清代鸿儒王国维在其著作《人间词话》里谈到："古之成大事业、大学问者，必经过三种之境界"。第一种境界："昨夜西风凋碧树。独上高楼，望尽天涯路"；第二种境界："衣带渐宽终不悔，为伊消得人憔悴"；第三种境界："众里寻他千百度，蓦然回首，那人却在灯火阑珊处"。

考生可以先结合具体的事物，条分缕析地谈"境界是什么"，"起点是什么"。然后，说明起点和境界在个人成长和成功道路上的作用和关系。起点低，我们可以迎头赶上，而境界低，却只能"到此为止"了。

习题 253　有人说："尽管每次网到鱼的不过是一个网眼，但要想捕到鱼，就必须要编织一张网。"你如何理解这句话？

提示：在捕鱼中，"一个网眼"和"一张网"的关系，就好比一个人在做事的过程中，拥有的某一项技能和一个人整体能力之间的关系。每次网到鱼，通常是某一个具体的网眼，但是如果没有整张网，这一网眼又怎能网到鱼呢？生活中，如果我们不全面提高自身能力，不能形成合宜的能力结构，不愿提高综合素质，考虑事情就无法周密，那么处理具体的事情时，即便有某项能力也不一定能充分展示出来。考生还可以结合自己的见闻，有理有据地展开评述。

习题 254　有人说，严管中长大的孩子，无法独立；施压中长大的孩子，常常忧虑；信赖中长大的孩子，信人信己；放权中长大的孩子，深具责任。你认同这一观点吗？请说明你的理由。

提示：这一命题表明了正面教育对孩子成长的重要性。正面教育包括两方面，其一，教育理念和教育内容是正面的、积极的、向上的；其二，教育方法具有正面引导的作用。命题体现了这两点。考生可以抓住正面教育的积极作用，从这两方面，结合案例或亲身经历展开论述。

习题 255　有人说，不做下一个谁，只做第一个我。你如何理解？

提示：这一命题可以处理为"不能一味模仿，要有独立的创造"。每个人都有自己的特点，有自己所处的独特环境和条件，对此如果缺乏认识，做事不以此为基础，而一味模仿他人，东施效颦，就会适得其反。当然，"做第一个我"，并不是"唯我独尊"，它要求我们在社会的大背景中，真正认识自我的价值，因为只有正确地认识了自己，才能更好地创造自我价值。考生可以结合相关事例，有所展开。

习题 256　有人说，笨人的可怕之处并不在其笨，而在其自作聪明。你如何理解？

提示：这一命题其实就是"笨人如果自作聪明起来是非常可怕的"。例如一个人进入某一陌生领域后，如果不调查实际情况，不倾听他人意见，不吸取以往教训，鲁莽行事，就是自作聪明的表现。反过来，我们做事时，多看、多听，集思广益，理性决策，这样就是聪明的表现。所以笨人不一定真的笨，只是错在其自作聪明的做法。考生需结合实例，有层次地展开论述。

（四）结合下列热点话题，准备10～15分钟，谈谈自己的看法，要求逻辑清晰，言之有物，语言顺畅，时间控制在3分钟以内。

习题257　你或你身边的朋友有“不想长大”的心理吗？结合下列材料，你如何看待这种现象？

不想长大，在心理学上有个词，叫“儿童自我当权”。也就是说，在一个成人的外壳下，有一个儿童的灵魂，于是所做的事，都像是3岁小孩的行为。80后早当家的孩子概率很少，所以大多数都很习惯当孩子，偶尔带点孩子气是可爱的，但如果任何事都让内心里3岁的自己处理，就会产生适应问题。例如：有情绪就哭闹，得不到就一直耍赖，自我中心……对一个人成人来说，放弃做成人的权利，等于放弃了心理成长，心理发展水平，也就会一直停留在3岁。

提示：青少年群体中，有情绪就哭，得不到就要赖，以自我为中心的人的确存在。而留恋童年，向往童年的朋友更是不在少数。同学聚会，朋友聚餐的时候，压力大的时候，失意的时候，很多人都会想起童年无忧无虑的时光。尤其是刚踏入社会的年轻人，受到挫折以后，的确会萌生不想长大的心理。材料中提到，“对于一个成人来说，放弃做成人的权利，等于放弃了心理成长”。考生除了要说明自己的观点和态度外，还可以延伸说明成人心理儿童化背后的原因。不想长大的心理其实是渴盼关爱和自由的心理。不想长大的心理也暗含了成年人不愿接受社会的约束，不愿承担责任和重担的心理。进而进一步说明一个成年人，明确自己的成人身份，承担责任，一样有成年世界的快乐和自由。

习题258　下面是一条趣味新闻。类似的趣味新闻，在各类媒体都很常见。根据你的经验和理解，谈谈趣味新闻的价值。

Hamish是英国最老的高地牛。十年前，它因为逃过疯牛病的宰杀一下子成了明星，但是之后一直孤孤单单地生活在特罗萨克斯山的农场上。最近，农场的工作人员带来了一个4岁的小牛给它做伴，现在，这对初恋小情侣正打得火热呢。

（腾讯网）

提示：在各类媒体每天发布的新闻中，有相当一部分是趣味新闻。趣味新闻反映了大自然、社会日常生活中许多为人所不注意的细节，能引导人们去关注生活中的乐趣和美。从我们自己的接触经验中就可以发现，趣味新闻不但可以增加生活的乐趣，还能让人们增长生活的智慧。通过传播趣味的生活经历和生活体验，有助于人们交流生活的感受，疏泄和平衡社会的情绪。考生可以从趣味新闻的表现和实质入手，结合材料和自己的接触经历，说明趣味新闻对媒体、对社会生活的作用，从而揭示其价值。

习题259　结合材料，谈谈你对“愤老”现象的看法。

愤老指愤怒的老人，是一个稀有词汇。无论在东方还是西方，流行着且批量生产着的是“愤青”。“愤老”是基于现实的理想主义者，阅历和思想的沉淀使得他们对大流或者说主流的某些丑陋和歪道偶发怒言，却也老辣地拿捏着主流所能容忍的边线。对于大多数沉默的人来说，“愤老”说出了他们不敢说的话。和“愤青”相比，“愤老”们掌握的资源和渠道更多，他们的言论能够引起社会的更大关注。

(10658000 手机报 2010 年 7 月 11 日)

提示：考生在评述时要注意，材料已经说明，愤老是对某些丑陋现象和歪道发怒言，可见愤老的出发点是善良的。愤老看到了社会运转过程中的某些深层次问题，并且能拿捏批判的分寸，说明其智慧；愤老说出了大多数人在沉默背后的心声，说明其勇气；愤老掌握着一定的资源和渠道，能引起社会的更大关注，他们不推脱社会批判的职责，说明其有担当。进而说明，我们认可和学习愤老并不是提倡愤怒，而是认可和学习其善良、智慧、勇气和担当。

习题 260 结合材料，谈谈你对“根叔式演讲”的看法。

华中科技大学校长李培根在 2010 届毕业典礼上进行了“时髦演讲”。他没有回避今天大学的弊病，没有遮掩学校给学生带来的不满意。但这无碍于谈纯洁的理想，谈未来的工作和人生，也谈社会的公平正义和国家的未来。演讲中后现代的网络语言的运用，对学生们校园生涯的回顾，让校长变身为一个智慧而亲近的长者，7000 名学子不禁群起而呼之“根叔”，场面雷动。此后，北京大学校长周其凤、重庆大学校长李晓红、南开大学校长饶子和、复旦大学校长杨玉良纷纷上演“根叔式”毕业演讲，给官话套话成定势的高效毕业演讲注入一股清新风气。有评论指出，“根叔”现象是中国高校自由、平等、兼容并蓄的一个信号。

(10658000 手机报 2010 年 7 月 9 日)

提示：考生可以根据材料的描述，结合实际，从校长的做派、校长的语言风格、校长和学生之间近距离关系等视角，谈谈自己心目中的校长，有所阐述，有所概括。

习题 261 结合材料，谈谈你对“负性效应”的看法。

负性效应是一种心理效应，指我们在认识他人的时候，对正负信息形成的印象总是不均等。人们常常把别人偶尔的“坏”记得牢牢的，却把其一以贯之的“好”抛之脑后。例如，一个人在等红灯的时候，随地吐了一口痰。大多数人对他吐痰印象很深，却不记得他遵守了交通规则。“负性效应”的出现很多时候受个人的消极情绪和视角影响，换个积极的角度看事物，世界将会更加明亮。

(10658000 手机报 2010 年 7 月 8 日)

提示：结合材料，在了解负性效应含义的基础上，考生可以结合实例说明在评价他人时，要全面、客观和宽容。尤其在交朋友的时候，我们要以长久的眼光、变化的眼光和全面的眼光来看待朋友的言行。我们应该从负性效应走出来，换个积极的视角，这样看到的世界就能更明亮。

习题 262 结合材料，谈谈你对“代整形”现象的看法。

临近毕业，不少家长纷纷代替孩子先来“打探”整形。如今，家长对孩子的整形观念开始有了新的转变，为了孩子能找到好工作和好对象，部分家长甚至热衷“代整形”，有的为了将来不被“啃老”，还送给孩子“整形毕业礼”。专家建议学生族，整形美容未尝不可，但要选择正规的医疗机构和有资质的专业医生。对整形的效果需要有客观认识，不能期望值过高，毕竟医生不是“魔术师”。

（10658000 手机报 2010 年 7 月 12 日）

提示：结合材料，考生可以从下面的视角展开阐述：我们不提倡为了找工作和找对象而整形。这种“形貌决定论”，实际上是社会上“以貌取人”的思想在作怪。形貌并不能决定工作的成就，也无法决定未来的幸福。家长和孩子要保持清醒。考生也可以结合自己所见所闻所思进行具体观点的阐述。

习题 263 有人说，父母给孩子最好的礼物是把本应属于孩子们的权利还给他们，让孩子在宽松的环境中、在快乐的体验中生存和发展。结合以下材料，请以此为观点，展开 3 分钟左右的评述，要求逻辑清晰，言之有物，语言顺畅。

我们时常能感受到大人与孩子之间的某些“权利之争”：成年人总是强调孩子应该听大人的，而孩子总是抱怨父母对他支配太多、限制太多。

一个 10 岁的女孩学钢琴总是提不起精神来，原因是孩子对弹琴没有兴趣，买钢琴、请老师都是妈妈一厢情愿。

有个妈妈带着孩子买了一件两面都能穿的夹克，一面红色，一面黄色，妈妈喜欢黄的，孩子喜欢红的。开学第一天妈妈执意让孩子黄色朝外穿，孩子却非常沮丧。

（新华网 2010 年 5 月 30 日）

提示：孩子的成长有自己的规律。那些不违背儿童成长规律的需求都是孩子的权利。父母将成长的权利还给孩子，并不是让孩子为所欲为，而是让家长认识孩子成长的规律，考虑孩子的正确需要；同时，多听多看少强制，为孩子的成长留出空间。

习题 264 结合材料，你认为“六一”儿童节，我们应该给农民工子女送上一份什么样的礼物？

今年儿童节前的一个周末，记者在辽宁省图书馆阅读室里和小朋友一起度过了一个阅读日。虽然是周末，但很多孩子都没有家长的陪同，他们的父母都是在沈阳市打工的农民工。

据了解，“六一”儿童节期间，辽宁省图书馆少儿阅读室还为小朋友准备了“快乐阅读——童话表演”“快乐棋牌”“学手语庆‘六一’——手语世界特别活动”“分享阅读——为父母读一篇最喜爱的故事”等活动。

（新华网 2010 年 5 月 30 日）

提示:关于给农民工孩子送什么礼物,材料已经提供了一些答案。我们还可以发挥想象力,看看农民工孩子需要什么,比如书桌、电脑、课外书,甚至可以是电影票,让农民工孩子也能享受到电影这门艺术;或者送一部电话,让他们能经常和老家的亲戚朋友说说话等等。构思时,一要考虑其需要,二要考虑是否能对其成长有利,其中可以寄托我们的美好祝愿。

三、新闻评述练习题

示例 1:对以下事实,自选角度,分别进行评述。要求观点明确,自圆其说,准备 15 分钟,评述时间控制在 3 分钟左右。

日前,"打假斗士"方舟子质疑"打工皇帝"唐骏的简历造假,中国最出名的职业经理人正经历一场声誉危机。为避免重蹈覆辙,诸多名人、明星开始"主动"人肉搜索自己在互联网的简历资料,并进行修改更新。记者获悉,唐骏"学历门"事件发生后,许多网站中不少名人的词条都有不同程度的更新。

(10658000 手机报 2010 年 7 月 10 日)

唐骏及众多明星对学历进行造假,欺瞒公众,让人感到可笑、可怜、可叹。诚信的价值已无需讨论,公众人物应该诚信也毋庸置疑。这些公众人物恐怕也清楚失信于大众对声誉的反面作用。那我们不禁要追问,学历与成功创业之间究竟有多大关系?为什么,唐骏们会如此在乎自己有无博士文凭,是否名校毕业,以致于不惜以诚信为代价制造假文凭?

透过这一事件,我们不难看到其中存在的社会问题和无奈现实。以文凭论英雄的普遍意识,导致衡量个人能力和评价人才的标准严重失衡。拥有博士学历,就意味着拥有工作机会和晋升提拔的最大可能,甚至还能对个人生活的方方面面产生影响。在北京等大城市,博士学历是从事高校教师工作的最低门槛,甚至也是取得千金难买的北京户口的特别通行证。

唯文凭是从的社会风气,驱使各路精英一窝蜂"攻读博士"。从一流大学到一流公司,从教育背景到工作履历,耀眼光环一个都不能少。这也是唐骏有意无意走进"学历门"的社会现实背景。

在信任感普遍缺失、呼唤诚信的当下,公众人物的诚信状况当然是重要的社会问题。公众舆论应睁大眼睛,盯住每一个不诚信的行为,让其暴露在阳光之下。但同时,我们更要对产生这一现象的社会原因进行深刻反思,只有这样,才能帮助人们从根源上寻求解决问题的办法。

(《中国青年报—中青在线》2010 年 7 月 8 日,作者刘畅,笔者有删改)

习题 265 对以下事实,自选角度,分别进行评述。要求观点明确,自圆其说,准备 15

分钟，评述时间控制在3分钟左右。

近日，北京交通大学参加军训的周某，因把吃不下的馒头扔入垃圾桶，被老师责令捡回吃下，双方发生冲突。次日，学校要求周某在所有军训学生面前做检讨。同学转述他的话说，“我不是向领导道歉，要向馒头道歉，向农民们道歉”。周某回到寝室后哭泣不止。部分学生认为，老师做法有损学生人格。校方回应，当时老师言语过激，但出发点是好的。

（10658000手机报2010年7月9日）

提示：教育要契机契理，老师的出发点是好的，但是教育还要讲究方法。如果我们的目的是为了帮助学生认识错误，引导其端正观念和行为，批评的时候就应该既考虑道理的正确性，又要考虑学生的心理接受能力。教师可以批评学生浪费，可以要求其检讨，但是否要强令其捡起来吃下，以至激化矛盾，就值得商榷了。考生在评述时，从教育方式着眼，要客观地分析材料反映的事实，既要认识到学生浪费在先，教师初衷无错，又要认识到教师在教育方法上需要改进，进而说明教育要动之以情，晓之以理。

习题266　对以下事实，自选角度，分别进行评述。要求观点明确，自圆其说，准备15分钟，评述时间控制在3分钟左右。

前天，网友陈先生看到名为《北航飞行学院大二学生虐待大一新生》的帖子，其中有一段时长22分钟的视频显示，数十名学生在另一批学生的监督下笔直站立，做得不好还要被辱骂。记者搜索该视频发现，视频中，几名学生甚至被拉到讲台上，其中一人两手各吊着一把椅子。其他学生站在位置上，要连喊数十声“报告”。另一批学生手拿教棍，“教训”表现不好的学生，常常出言不逊。

北航飞行学院的一名毕业生说，飞行学院采取半军事化管理，“的确有高年级管教新生的传统，有十几年历史了”。视频中的“教训”方法“还算轻的”，他们那届新生经历过更严厉的管教，表现不好就要接受“想象不到的人格侮辱”。该生同时表示，被如此管教也是一种磨砺，“回头看，的确是一笔财富”。

北京航空航天大学宣传部负责人表示，视频中的事情发生在2008年，被训学生为大一新生。目前这些被训学生已升入大三，正在国外接受飞行训练。此前，学校也曾了解到，飞行学院有高年级学生训新生的事情发生，“现在新生采取的是部队军训的方式，因此不会再出现此类情况”。

记者辗转联系到北航飞院的在校生，他们表示，现在大一新生所受训练强度的确明显减弱，但不能完全保证没有老生“管教”新生的现象。

（《京华时报》2010年6月18日，作者王奕）

提示：不可否认，老生训新生，通过“想象不到的人格侮辱”，使其难堪，带来的心理阴影和负面效应是客观存在的。我们常说，什么样的方式培养什么样的人。我们反对老生教训新生是反对依仗老资格，滥用老资格，反对恃强凌弱，反对带有人格侮辱的教训方式。如果把教训改为关爱，岂不更有利于新生适应环境。而学校里长期存在这样的江湖习气，学校为何没有察觉？为何没有举措？考生在构思时，都可以有所考虑。

习题 267　对以下事实，自选角度，分别进行评述。要求观点明确，自圆其说，准备 15 分钟，评述时间控制在 3 分钟左右。

“招工、招生或招考公务员时，同等条件下，可以优先录用优秀志愿者。”今日，省文明办主任宋智富透露，最快在今年底有望出台《湖南省志愿服务条例》，优秀志愿者在公务员招考中择优录取拟写进该条例。在立法前夕，长沙市开福区新河街道今日成立志愿者“快乐联盟”，在全省首开先河设立专项基金，关注志愿者本身的人身安全保障等，为全省立法工作树立了样本。

（《三湘都市报》2010 年 6 月 11 日）

提示：志愿者的出现，对于人们的生活，尤其是大型的赛事和活动，有着切实的帮助，也是当今社会上一股文明新风。考生通过阅读材料，要抓住材料的核心，认识到在现阶段以立法的形式引导志愿行为，规范志愿行为，肯定志愿行为，保护志愿者权利很有必要，并结合自己的所见所闻所思有所展开。

习题 268　对以下事实，自选角度，分别进行评述。要求观点明确，自圆其说，准备 15 分钟，评述时间控制在 3 分钟左右。

为进一步推动扫盲教育发展，甘肃省为近百万青壮文盲建立了网络服务平台。记者从甘肃省教育厅了解到，由省教育厅主办、甘肃省教科所和甘肃省电教中心协办的甘肃扫盲教育网已于6 月 12 日正式开通，网站设有图片新闻、扫盲动态、通知通告、政策法规、交流园地等栏目。根据 2005 年 1%人口抽样数和各市(州)年度上报的脱盲人数计算，甘肃省现在仍有青壮年文盲 99.16 万人，青壮年文盲率为 6.97%。

提示：在国家大力发展教育的过程中，我们不能忽视青壮年文盲教育。提高青壮年文盲教育，无疑有利于提高整个社会的劳动力质量。因此，重视青壮年的文化教育，是教育的重要领域。结合材料，考生可以谈谈青壮年文盲教育的必要性，并阐述在对青壮年文盲开展教育的时候，要注意引入新内容，利用新的方式和途径。

习题 269　对以下事实，自选角度，分别进行评述。要求观点明确，自圆其说，准备 15 分钟，评述时间控制在 3 分钟左右。

实行试听制，试听满意就选课，不满意就换老师。昨日，武大“学分制”细则正式出台：该校今秋入学的 7900 名新生，将开始新的学费收取政策。

据介绍，学分制收费包括课程学分费和专业注册费，课程学分费每学分 100 元，贫困生在办理相关手续后即可注册和选课。

对老师如果不了解，学生又如何选课？该校教务部负责人介绍，学生选课实行试听确认制，并且可以试听两次，不满意则可换其他老师。在通识选修课中，若低于 15 人则不开课，学生再改选其他课程。必修课考试不及格必须重修，给予一次免费重修的机会。若学生课程考试及格但对成绩不满意，可交费重修。

同时，该校还实行奖励制度：学生一学年内所修课程的平均学分很高，则下一学年将奖励3学分的课程学分费。如果学生毕业时总平均学分绩点排在每个学院（系）前1%的则返还全部课程学分费。

（《武汉晚报》2010年6月3日）

提示：根据材料，我们不难发现，武汉大学给学生的学习提供了更多的选择空间，为学生创造多样化的知识结构提供了可能。试听制引导学生在自由选择的同时还能理性选择。奖励制度则对学生学习有客观的促进作用。而交费重修的制度，对学生的学习也是一种制约。评述时，考生既要肯定学校改革有利的一面，同时又要点到学生自主学习的积极作用。

习题270　对以下事实，自选角度，分别进行评述。要求观点明确，自圆其说，准备15分钟，评述时间控制在3分钟左右。

材料1：天津市百年老校和平区万全道小学，近年通过在全校69个班级建立班级博客，打通学校、家庭、社会德育通道，捕捉一个个小的教育契机，实现了学生、老师、家长及社会便捷互动，有效提升了学校的德育水平，打造出E时代的德育新空间。

（新华网天津频道2010年6月12日）

材料2：广西现有63个自治区爱国主义教育基地和44个博物馆、纪念馆、展览馆等公益性文化设施对未成年人实行免费开放；出版部门推出的《写给孩子的哲学启蒙书》、《小小律师》等一批适合未成年人阅读的出版物，受到家长好评。

此外，广西对131.4万名农村义务教育阶段贫困生免费提供了教科书，对23.1万名贫困寄宿生提供了生活补助，并着力解决留守儿童教育管理、进城务工人员子女入学等问题，关爱和帮助流浪、闲散未成年人和服刑人员子女等特殊群体。

（新华网广西频道2010年6月12日）

提示：材料主要是在谈青少年德育教育问题，以德育的新内容，利用德育的新方式，创造德育的新空间。有爱才有教育，材料的最后，我们还看到广西在德育教育的同时，还给予青少年群体以切实利益的关爱。考生可以以德育教育为主题，结合自己的亲身经历和身边的人事，有感而发。

习题271　对于武汉市打造“快乐小时候”社会教育品牌，你如何评价？请结合以下材料，展开3分钟左右的评述。

“六一”期间，武汉市组织开展“小时候·我与地球——青少年环保涂鸦”大赛、“小时候·绿色武汉我的家”武汉少年儿童素质教育成果展演、“小时候·快乐节日幸福共享”爱心结对温馨行动、“小时候·垃圾分类我先行”等14大项活动，引导广大少年儿童关注环保，关注交通安全，培养环保、卫生、健康生活习惯和良好的文明习惯，使少年儿童在活动中体验快乐，获得教育。这些都是武汉市打造“小时候”青少年社会教育活动品牌的一个组成部分。“人人都有小时候，每个人的小时候都应该是快乐的，是青少年社会教育活动指导中心的理念。”相关负责人说。

（新华网 2010 年 5 月 30 日）

提示：材料提到了武汉市在儿童教育方面的一些新做法——儿童教育社会化、儿童教育的品牌化、教育内容多样化、教育方式的实践化。“快乐小时候”让孩子们接触生活，体验生活，融入生活，而不是让孩子局限于书本和习题之中。考生可以结合实例，有所对比，阐述真实想法。

习题 272　结合下列材料，自选视角，准备 10～15 分钟，展开 3 分钟左右的评述，要求自圆其说。

号称“中国食疗第一人”、挂号费高达 2000 元的张悟本，最近经卫生部等部门确认，其“国家卫生部首批高级营养专家”“中华中医药学会健康分会理事”这些光彩的名头都是假的。另据调查，张悟本根本不是医生，其学历、“中医世家”等均系假造。至此，张悟本彻底被打回原形。张悟本现象绝非个例。近年来，“排毒教父”林光常、“太医后人”刘弘章等曾经红极一时的“养生明星”先后倒下。

（新华网 2010 年 5 月 30 日）

提示：假神医背后，不单暴露了所谓“神医”的诚信问题，而且也说明了民众对健康养生方面知识的迫切需求。民众对神医的迷信，实际上暴露了自身营养健康知识的缺乏。所以相关部门在打击假神医的同时，更要注重积极普及医疗保健知识。

习题 273　对以下事实，自选角度，分别进行评述。要求观点明确，自圆其说，准备 15 分钟，评述时间控制在 3 分钟左右。

连云港东海县小学四年级的胡继汕，用稚嫩的双肩早早担起了照顾卧病在床母亲的重任。胡继汕出生后不久，妈妈庞金娥得了类风湿病，后来瘫痪在床，生活完全不能自理。为了给妻子看病，丈夫胡修华只能外出打工。那年小继汕 6 岁，才上小学一年级，也是从那会开始，照顾妈妈的重任就完全落到了小继汕的身上。

小继汕告诉记者，他每天早上都是准时 5 点起床。第一件事就是帮助妈妈解大小便。然后去做早饭。做好后，先给妈妈刷牙、洗脸，再把饭端到妈妈身边，一口一口地喂妈妈吃饭。最后自己才盛一碗饭，匆匆忙忙地吞下肚，跑去上学。中午放学后，一路小跑回到家中，先帮妈妈翻身、擦洗，下午放学后，他从不敢在外面玩耍，除了重复中午的事情，还要洗衣服。晚饭后，就在妈妈床前写作业，写完作业后，帮妈妈按摩，同时还给妈妈讲学校发生的趣事，逗妈妈开心。每隔一天，他就帮妈妈洗一次脚，一周剪一次指甲。妈妈虽然常年卧床不能动弹，可是衣服、脸、身子永远都是干干净净的。为了让妈妈多吃饭，胡继汕在炒菜上尽量变花样。“我听爸爸说，当初妈妈因为生下我后，才落下这种病，现在她不能动了，爸爸要出去打工挣钱，我有责任在家里照顾好妈妈。”小继汕坚强地说。

胡继汕从来没有落下过自己的学业。在学校里，课间别的同学在玩耍，他总是默默地趴在课桌上做功课，成绩一直都很优秀。

（《扬子晚报》2010 年 5 月 31 日，作者魏爱华）

提示：是什么让胡继汕如此懂事、明理？是爱，对母亲的爱，对家庭的爱，对生活的爱。爱让胡继汕变得懂事，爱让胡继汕学会生活，爱让胡继汕变得优秀，也是爱让胡继汕打动我们。胡继汕在逆境中表现出的责任感和孝心，很值得我们深思和学习。

习题 274 对以下事实，自选角度，分别进行评述。要求观点明确，自圆其说，准备 15 分钟，评述时间控制在 3 分钟左右。

“前一天撕书乱扔，学校打扫干净了，第二天他们一早上就又开始了！”10 日晚上，身在湖北仙桃某中学读高一的学生白云（化名）非常激动地告诉潇湘晨报记者，他们学校高考前确实发生了高三学生撕书乱扔的事，她看不过去，于是还用手机拍了照片传到了网上。

十年寒窗，学生在高考前压力之大可想而知，各地考生考前撕书发泄的报道也时常出现在互联网上。继去年陕西汉中学生在高考动员大会结束后的集体撕书发泄视频在网上热传后，近日，湖北仙桃某中学高三考生在教学大楼前集体“撕书”发泄情绪的画面也在网上疯传，并引发网民热议。

（红网 2010 年 6 月 11 日）

提示：当书本成为对手，当学习成为仇敌，当毕业成为发泄，我们不禁要问，我们的教育是成功了还是失败了。对于书本、知识、老师、学校、古圣先贤等代表智慧的一切事物，我们难道就不该留存一些应有的敬畏心和恭敬心吗？如果没有这种恭敬心，人们怎么会真正将所学知识内化为自觉的言行，真正从学习中受益？撕书的行为，大有过河拆桥，解构学习，嘲笑知识的味道。这样的风气除了湖北仙桃某高中，其他地方难道没有吗？如果教育界没有反思，如果学生群体不加以正确引导，那么我们的教育最终会走向何处，真不敢想象。孔老夫子的七十二贤人，学成之后，如果也在孔老夫子面前毁弃经书，那会是什么景象？

其实读书本身是件美好的事情，让学生们觉得愤怒的应该不只是课本本身，还应该有应试教育制度本身吧，书本可能只是替罪羊而已。阐述的时候，考生在批评这一现象的同时，还要对背后的原因有所分析。

习题 275 对以下事实，自选角度，分别进行评述。要求观点明确，自圆其说，准备 15 分钟，评述时间控制在 3 分钟以内。

小长假期间，北京老字号清华池首次进入高校，面向大学生招聘“修脚”传统技艺传承人,以解决传承人断代问题。虽然月薪能够达到7000元以上甚至万余元,但记者昨天了解到,高薪的吸引力难以抵挡“面子问题”,到现在仍旧没人报名。

据了解,目前清华池里的技师大多以初中、高中毕业生为主,急需大学生层次的专业人才。该负责人称,修脚技师的月收入可达七八千元,中级高级甚至能达到万余元。

“如果让别人知道我考上了人大结果去修脚了,那多没面子啊,家里不可能答应,我也不会去。”一名马上就要升到大四的人大学生告诉记者,尽管工资非常诱人,但她宁愿选择月薪2000元左右、“坐办公室当文员的工作”。记者昨天从清华池相关负责人处了解到,虽然到目前为止已经有学生报名实习的意向,但都是管理岗位,没人报名想当修脚工。

(《北京日报》2010年6月17日)

提示:俗话说,“三百六十行,行行出状元”。材料中的大学生提到的面子问题,其背后是对这个职业的歧视。职业歧视,这不单是某一个毕业生要转变的观念,也是整个社会亟须转变的观念。评述时,考生要结合材料,分层次展开。

习题276 对以下事实,自选角度,分别进行评述。要求观点明确,自圆其说,准备15分钟,评述时间控制在3分钟左右。

6月4日凌晨,盱眙县公安局盱城派出所发现8名来自于淮安同一个网瘾治疗中心的孩子。他们是趁夜出逃的,为此,他们还将值夜教官绑了起来。据逃离学校的学员称,他们大多是初中、高中的学生,因迷恋上网被家长送到戒治中心戒除网瘾。他们每天日程是体能训练、拉练、上英语口语课、心理辅导课、书法课、学《弟子规》等。如果不听话,就会被教官用戒尺打手心,课外活动主要就是打球。每天由3个教官轮训。早晚吃的是馒头和稀饭,中午一般是一荤一素和菜汤。生活上不好说什么,学员们主要是受不了学校单调枯燥的环境和高强度的训练。他们唯一喜欢的心理课教师现在又请了长假。他们称,自己其实并不是家长和学校想象的那样有那么重的网瘾,只是有时是不满意家长的做法和说法,故意上网找乐趣的,不上网也没有其他有意思的地方可去。

在校方要带走这些孩子的时候,在场的家长表示同意,但是这些孩子没有一人同意回校,家长、孩子在派出所哭成一片。后在警方、校方及家长的沟通下,经家长同意,校方与警方办理交接手续后将全部学生带回。

(《扬子晚报》2010年06月07日)

提示:材料反映的这一现象让人深思。一方面,我们同情学生;另一方面,我们也同情家长。是什么让孩子们如此迷恋网络?学校和家长难道一定要通过这样的方式去纠正孩子吗?家长为什么一定要等到问题积累到这种程度,才送孩子进行强制教育?考生可以从材料中引申出来,或者分析强制教育的利弊,或者谈到在教育过程中及早发现问题,及早解决问题的重要性。

习题277 你遇到过奇怪的事情吗?结合下列材料,请展开2～3分钟评述。要求逻辑清晰，语言流畅，自圆其说。

冰岛“埃亚菲亚德拉”火山经过了之前“歇斯底里”的猛喷后，这座明星火山开始“休养生息”。日前，美国俄勒冈州立大学地球科学教授约瑟夫就抓拍到了令人惊异的“埃山”吐出的烟圈。照片中，“埃亚菲亚德拉”火山就像是普通的烟民一样从火山口喷出神奇的烟圈，烟圈就在火山口。约瑟夫说，烟圈大约持续了5分钟，随后便消失不见。对于尚在活跃期并持续喷发的火山来说，出现这样的景象十分少见。

（中国新闻网2010年5月28日）

水杉树被砍后留下硕大的树根，经风吹雨刷，很大一部分裸露在外，其中一块似“人形”。前两天，有人发现了这一“秘密”后，“地上长出菩萨了”的消息便不胫而走，每天引来近千名村民前来烧香请愿。有“求”于菩萨的一些村民还饮下混有香灰的“圣水”，当地政府工作人员得知情况后，专门到现场“辟谣”。但事后村民仍趋之若鹜，这一咄咄怪事就发生在江苏兴化市戴窑镇。

（《扬子晚报》2010年5月28日）

提示：考生从材料出发，可以结合自己的经历，展开评述。说明出现奇怪的现象后，相关部门应该及时解释，一时不能解释的现象我们可以存疑，不要急于下结论。面对“神秘”现象，应该持科学的态度。

习题278　结合下列材料，谈谈你如何看待“宠物情缘”？时间控制在3分钟左右，要求逻辑清晰，言之有物，语言顺畅。

爱犬突然死亡，主人痛苦不已，便在宠物医院为小狗设起了灵堂。在爱犬离世的当天，狗主人就来到医院讨说法，可几天下来，并没有进展，她要求医院正式承认错误，并给予她一定的经济补偿。在协调无果的情况下，她只好带着爱犬的照片和蜡烛来到医院，设了这么一个简单的灵堂。而这么做的目的，“我的帅帅（小狗的名字）就是因为这家医院没有了的，我来这是为了缅怀它。”随后有市民报警，在南京下关四所村派出所民警的劝说下，狗的主人才撤掉了灵堂。

（中国新闻网2010年5月14日）

昨日是母亲节，孤身一人躺在病床的陈梅（化名），有个让人匪夷所思的心愿：不想做母亲，只想做儿子的宠物狗。生病3天，除了陪同入院，儿子再没来过医院，理由竟是自己养的宠物狗也生了病，需要每天带它去输液。为陈梅输液的护士孔佳证实，刘明确实是当天送母亲入院缴了住院费用后，此后几天再没来过。离开前，他还特地找过护士，说家里狗儿生病了，每天要带狗儿输液，可能没法陪母亲，希望她多帮忙照顾下母亲。

陈梅说，儿子儿媳并非不孝顺，一年四季为她添置新衣。每月除了生活费还会另给零花钱，偶尔还会给她买老年人的营养品。但每次看到跟自己无话可说的他们，跟“元元”（宠物狗的名字）亲热地说个不停，就好希望自己是那条宠物狗。

（《重庆晚报》2010年5月10日）

“狗主人让我给狗磕三个头谢罪，这实在过分。”出租车司机李国强说。这是6月16日23时许，他驾车将一只小狗撞死后发生的事。李国强说，事发后，只见一名女士抱着博美犬在哭，见博美犬还有呼吸，他便驾车将它送到了苏州东街的阳光宠物中心进行救治。阳光宠物中心负责人说，被撞伤的小狗是脑出血，抢救无效后身亡。李国强说，从宠物中心出来后，他便与那名女士协商如何赔偿，谁承想那名女士说“赔10只狗都不行”，要他趴在地上给狗磕三个头才行。

（亚心网2010年6月18日）

提示：宠物情缘可以理解，适度的情感也值得肯定。不过，因为宠物的原因而有过激表现，则令人难以接受。我们更应提倡在关爱宠物的过程中，深化对“爱”的认识，让自己真正成为仁厚而有爱心的人士。考生不妨抓住材料中人物“过激和迷失”的表现展开评议。

四、模拟主持练习题

示例1：将下列材料改编成一档3分钟左右的电视节目。

“六一”国际儿童节前夕，记者来到距捷克首都布拉格20多公里的利迪策。一幢幢红色屋顶的小楼点缀在起伏的山坡上，绿色的草地生机盎然，村边玫瑰园里花朵姹紫嫣红，散发着阵阵清香，一派迷人的田园风光。然而，68年前，这个风光秀丽的村庄遭到凶残的德国法西斯惨绝人寰的血腥屠杀，被夷为平地。

1942年5月，纳粹德国驻捷盖世太保头子海德里希被捷克爱国者杀死。希特勒获悉消息后，立即下令对捷克人展开疯狂的报复行动。他们利用一封来历不明的信件，咬定布拉格郊区利迪策村的村民支持了杀死海德里希的活动。盖世太保把利迪策村作为报复和杀一儆百的场所。

6月10日晚，纳粹德国的军队突袭利迪策村。他们把村民集中起来，将妇女和儿童单独监禁，剩下的173名15岁以上的男子全部被行刑队带往该村村民霍拉家的后花园杀害。屠杀过后，德国法西斯又放火烧毁了整座村庄，将其夷为平地，连教堂、学校甚至坟墓也不放过。

在利迪策村博物馆里，记者看到，一面粗糙的混凝土墙上刻着所有死难村民的姓名，另外一些墙壁上则悬挂着一排排遇难者的遗照。博物馆里还陈列着有幸保留下来的一些遗物，如利迪策村路标、3米多高的教堂大门、遗留在灰烬中的残缺的耶稣雕像等等。

博物馆里还播放该村当年的幸存者的回忆录像，他们含泪讲述每个人的悲惨遭遇，控诉德国法西斯的残暴行为。战后，相关部门一共找到17名曾生活在利迪策村的儿童，如今尚有9人健在。

离开博物馆，记者又来到利迪策村的历史遗址——当年村民惨遭屠杀的霍拉家后花园。这里只有残垣断壁，虽然经过68年的风雨，但当年腥风血雨的痕迹依稀可见。伫立在这里，那场悲剧立刻浮现在眼前，在夏季的微风中仿佛能听到当年利迪策村儿童的哭声和法西斯残忍屠杀村民的枪声。

就在历史遗址不远处，有一组儿童雕像群，雕像前摆放着各种可爱的毛绒玩具，都是参观者带来献给那些未能享受到和平生活便早早离开世界的利迪策村孩子的。

当年的幸存者之一、现年78岁的苏比科娃老人对记者说，虽然当时她只有10岁，但那场悲剧和她自己遭受的苦难记忆至今难以抹去。她说自己不会忘记那场战争带给捷克和全世界的灾难，希望世界不要再发生战争，利迪策的悲剧永远不再上演。

为了悼念利迪策村和全世界所有在法西斯侵略战争中死难的儿童，保障儿童权利，1949年11月，国际民主妇女联合会在苏联莫斯科召开执委会，确定每年的6月1日为国际儿童节。

（新华网2010年5月30日，作者孙希有）

大家好，欢迎大家收看今天的《历史故事》。

每年的“六一”国际儿童节，我们会给小朋友送礼物，和他们分享节日的快乐。不过，朋友们知道儿童节的来历吗？今天的历史故事，我带大家一起回到20世纪40年代，一起前往一个风光秀丽的村庄——利迪策。那里藏着我们要的答案。

迪利策距捷克首都布拉格20多公里。现在的迪利策，一派迷人的田园风光。然而，68年前，它曾遭到凶残的德国法西斯惨绝人寰的血腥屠杀，被夷为平地。

1942年5月，纳粹德国驻捷克的盖世太保头子海德里希被捷克爱国者杀死。希特勒获悉消息后，立即下令对捷克人展开疯狂的报复行动。他们利用一封来历不明的信件，咬定布拉格郊区利迪策村的村民支持了杀死海德里希的活动。盖世太保把利迪策村作为报复和杀一儆百的场所。

6月10日晚，纳粹德国的军队突袭利迪策村。他们把村民集中起来，将妇女和儿童单独监禁，剩下的173名15岁以上的男子全部被带往该村村民霍拉家的后花园杀害。屠杀过后，德国法西斯又放火烧毁了整座村庄，将其夷为平地，连教堂、学校甚至坟墓也不放过。

68年过去了，但是，在霍拉家后花园，在夏季的微风中仿佛仍能听到当年利迪策村儿童的哭声和法西斯残忍屠杀村民的枪声。为了悼念利迪策村和全世界所有在法西斯侵略战争中死难的儿童，保障儿童权利，1949年11月，国际民主妇女联合会确定每年的6月1日为国际儿童节。

这就是国际儿童节的来历。当年的幸存者之一、现年78岁的苏比科娃老人对记者说，虽然当时她只有10岁，但苦难记忆至今难以抹去。她希望利迪策的悲剧永远不再上演。“六一”儿童节，小朋友们在传递祝福，收获快乐的时候，也不妨分享这个故事，了解到爱与和平的可贵。可以说，爱与和平才是送给孩子们最好的礼物。好，感谢大家收看今天的《历史故事》，再见。

示例 2:将下列材料改编成一档 3 分钟左右的电视节目。

鉴于暑期将至,儿童游览世博的人数将大增,上海市卫生部门 10 日发出温馨健康提示,建议儿童游览世博应注意安全防护。

由于世博园区面积大,儿童年龄幼小,性格好动,可能在游览世博中发生意外受伤和生病。据介绍,作为世博定点医院的上海市儿童医学中心一个多月已接诊了世博园区转诊的一些儿童患者,多为发热、消化道症状以及意外脚扭伤、挫伤等。

上海卫生部门特别提出下列建议:

一、儿童游园前一天应充分休息,保证良好的身体状态。

二、游园时儿童着装应舒适,透气,并根据天气变化,及时增减衣服。特别是场馆内与场馆外温差较大,进入场馆参观应注意添加衣物。建议给孩子穿舒适、轻便、防滑性能好并便于行走的平底鞋。

三、由于天气炎热,注意饮食卫生,要预防儿童吃变质食物或过度吃冷饮,以免引起呕吐腹泻等症状。

四、孩子们活泼好动,极易发生意外受伤等情况。游园时,家长需注意看管好孩子,不要在人多拥挤的地方奔跑,避免碰擦、摔跤、挤压等外伤发生。

五、在高温天气中,儿童游园要量力而行,不要过度疲劳。同时,家长还要注意定时给孩子补充水分,如有条件,可口服盐汽水补充盐分,同时可随身携带风油精等防暑降温用品以免中暑。

六、如孩子有慢性疾病,应在病情控制后,身体状态许可的情况下随身携带常备药物游园。游园中,如有不适应及时至园区医疗服务点求助,紧急情况下可通过拨打 120 应急电话或由工作人员、志愿者呼叫急救车辆转送园区医疗点或世博定点医院接受治疗。

七、如孩子有发热或腹泻等急性疾病,建议先至医院就诊或在家休息,暂缓游园,以免加重病情。

(新华网 2010 年 6 月 11 日)

大家好,欢迎大家收看《××××》节目。

快到暑假了,很多家长都计划带孩子看世博。让孩子开开眼界,这是好事情。不过由于世博园区面积大,儿童的年龄小,又比较好动,容易意外受伤和生病,因此得特别注意安全防范。为了让大家玩得舒心,玩得放心,上海市卫生部门 10 日专门发出了温馨健康提示。我们一起来了解一下。

首先,在游园前一天,家长应该让孩子早点睡觉,充分休息,保证良好的身体状态。如果孩子有慢性疾病,要等病情控制住以后再出游,出门的时候要带着常备药物。游园的过程当中,如果有不适应的情况,家长应该及时到世博园区医疗服务点求助,紧急情况下可以通过拨打 120 应急电话或由工作人员、志愿者呼叫急救车辆转送园区医疗点或世博定点医院接受治疗。

其次，暑假看世博，正是天气炎热的时候，孩子要穿舒适、透气的衣服，并根据天气变化，及时增减衣服。特别是场馆内与场馆外温差较大，进入场馆参观应注意添加衣物。同时，我们还建议家长给孩子穿平底鞋，它不但舒适、轻便、防滑性能好，还便于行走。

最后，我们还得提醒家长，游园的过程中，还得注意四个小细节：一是切忌乱跑，以免碰擦、摔跤、挤压。二是量力而行。天气炎热，孩子游园不要过度疲劳。三是注意防暑。走走看看的过程中，大人小孩儿都得定时补充水分，必要时抹点儿风油精、清凉油。四是饮食卫生。这里要特别提醒的是，不能让孩子过度吃冷饮，以免引起呕吐腹泻等症状。

俗话说，有备无患。希望今天的节目，对计划看世博的广大家长和小朋友有所帮助。最后，祝大家健健康康看世博，高高兴兴游园归。以上就是今天节目的全部内容，再见。

习题 279　将下列材料改编成一档 3 分钟左右的电视节目。

如果上小学的儿子有一天放学回来对你说："妈，我跟同学打架了"！你的第一反应会是什么呢？

我认识的一位家长，在遇到这个情况时，她的第一反应是指着儿子说："我跟你说过多少次了？不准跟别人打架，你怎么就是不听话呢？"结果儿子"哇"的一声就哭了出来，后来她才知道，是另一个孩子无故先动手的。事后，这位母亲觉得自己当时太冲动，错怪了孩子，后悔不已。

孩子会哭泣，会恐惧，会发脾气也会愤怒……在成长的过程中父母常常困扰于孩子的一些"非正常"表现。从发展心理学的角度看，这些"非正常"表现在孩子的成长过程中如果处理得好，将有利于他们形成健全的人格。

事出必有因。孩子的每一个"非正常"表现的背后都有一个正当的理由。他们可能是在宣泄精神或身体上的创伤所引起的负面情绪，也可能是在呼唤父母的关注以帮助他们更好地宣泄。这个时候，父母给予倾听将是最好的关注和支持。而对青春期内心动荡不安的孩子来说，父母亲不带价值判断的倾听，更是让他们建立沟通意愿及信任的重要基础。例如，如果孩子告诉你，"我不想上学了"。

带价值判断的反应就是："你怎么可以这么懒！""你真是人在福中不知福！"这么一说，孩子感觉自己受到批评后，对与父母沟通的意愿也就大打折扣了。

而不带评价的倾听做法，则会营造安全的谈话氛围，让孩子愿意敞开心胸。"你的意思是说，你最近对上学不太感兴趣了，是吗？"然后再问他："为什么呢？你能告诉我原因吗？"让孩子继续把他心里面的话告诉你。如果父母能这么说，孩子就会知道，如果他有心理困扰，爸妈在任何时候都会抱着支持的态度听他说话。当孩子知道父母是抱持着这样的态度后，他肯定会迫不及待地分享心事了。

身为父母的你现在一定明白了倾听的重要性。但从没放下身段倾听过孩子的父母，可能还需要掌握一些技巧性的东西。

一些倾听小技巧：(1)说话时注视孩子，保持目光接触，不要东张西望。(2)倾听的最佳时候是你和孩子独处时，这样更容易让孩子敞开心扉。(3)面部保持自然放松的微笑，表情随孩子谈话内容有相应的变化，恰如其分地点头。(4)不要中途打断孩子的话，这样会让孩子觉得你不够尊重他，从而影响信任。倾听就要听到孩子的心声，要让孩子把话说完。(5)适时而恰当地提出问题，作为家长的您可以通过表述自己的意见引导孩子深入谈话。

(张怡筠:《幸福其实很简单》，河北教育出版社)

提示：根据内容，不妨将其改编为一期面向家长的家庭教育类节目。节目的传播目的在于帮助家长改善与孩子沟通交流的观念，掌握一定的沟通技巧。话题切入可以抓住“倾听”做文章。谈一谈，为什么需要倾听，如何倾听。在保证节目元素完整的情况下，以上述两个问题为线索，重新整理材料中的沟通故事和倾听技巧，语言组织注意起承转合，对于啰嗦繁琐的地方，该删则删，该改就改，力求完整统一，通俗易懂。

习题 280　将下列材料改编成一档 3 分钟左右的电视节目。

绝大部分考生都是第一次参加高考，一定要提前做好相关准备，本报为考生拟出一份注意事项清单，请考生一一对照。

踩点清单：(1)测算从住所到考点所需的时间；(2)考场准确“三对口”——分清文理科考场，考号对应的考室，考室内对应的座位；(3)试用考试桌椅，如有问题及时告知监考老师；(4)看清考桌上是否刻有可能引起被认定为作弊的字句，如有要及时报告；(5)找到必用设施——午餐地点，午休地点，公用饮水设备，厕所等；(6)有特殊病、常见病史的同学，在踩点时可提前告知监考老师；(7)要参加考前教育。

用品清单：考生只能携带(1)准考证；(2)全市统一发放的透明考试专用袋 1 个(袋上可插放准考证)，里面应该有 0.5mm 中性签字笔 1 支(另配了一根笔芯)、考试专用 2B 铅笔 1 支、高级绘图橡皮、两块三角板(45°和 60°各一块)、塑料板一张(涂卡时防止桌面不平)；(3)口试要带准考证、身份证、考试专用袋。考生不能携带：(1)书包；(2)文具盒；(3)各种自备垫板；(4)任何书籍、报纸、纸张等；(5)计算尺、计算器(包括带计算器的手表)；(6)移动电话、寻呼机等无线接收、传送设备等通讯器材。

出行清单：(1)如遇堵车，可向附近交巡警求助，但切记不要在非紧急时刻求助。开考前 15 分钟，交巡警可以提供摩托车送考服务；(2)在紧急时刻，送考车辆可不受交通管制路段限制，只要出示有效准考证件，交巡警不会处罚；(3)下车前带好相应考试用品，不要遗忘在车上；(4)如果考点离堵点不远，应立即下车跑步前往考点。

(《重庆晚报》2010 年 6 月 5 日)

提示：根据材料内容，可以将其改编为一期面向高考考生的服务类节目。这一材料，条理较为清晰，考生可以根据需要适当改动。改编时，侧重于以下几方面：(1)准确定位节目的对象和传播目的，并在节目名称等细节上有所体现。(2)重点突出。选择考生最需要提醒的地方做文章，其他方面一笔带过即可。(3)材料来自于报纸，一些地方书面语色彩较浓，提要式的语言较多，需要考生"换个说法"。

习题 281　将下列材料改编成一档 3 分钟左右的电视节目。

"再哭的话，警察叔叔会把你带走"、"字写得不好看，因为鸡爪吃太多"……

"六一"儿童节即将到来，一些网民在论坛上回忆起自己孩提时的趣事，晒出"小时候曾被家长'骗过'的谎言"。这些善意的"谎言"勾起了大家对童年的无限回忆，纷纷跟帖回应。

"自己上小学时，我的字写得难看，跟鸡爪一样歪歪扭扭，妈妈就'骗'我说是因为鸡爪吃多了。"网友"岚色雨"发帖说，他信以为真，害得他好久都不敢吃鸡爪了。

网友"小鱼"说，小时候换牙，她就照着父母说的，双脚并拢，把掉下的牙齿往屋顶上扔。"尽管当时自己都按照步骤认真完成，可是长出来的牙却有点歪。而妈妈就说我是因为没站直的关系，让我后悔了好久。"

除此之外，有的网友还专门发帖讨论"你小时候是父母从哪里'捡来'的？"网友们的回答也是五花八门，最多的地点是垃圾堆，而有的则是从河边、地里、山上捡来的。

虽然随着年龄的增长，当年的孩子都已长大，大家都知道那些只不过是父母的"谎言"，但现在回忆起来，仍感觉十分温馨。

当年的孩子已长大，但"谎言"还是一代代流传下来。如今，曾被父母善意欺骗的"80后"现在也基本为人父母，可当他们教育自己的孩子时，却发现"谎言"已不灵了。

蔡女士告诉记者，有次 5 岁的儿子指着月亮问这问那，她被问烦了，就吓唬儿子：用手指月亮会被割耳朵。当时儿子很相信，没想到几天后，儿子就跑来说，"妈妈骗人，老师说了月亮只是一颗绕着地球运行的卫星，指月亮根本不会被割耳朵。"蔡女士坦言，现在的孩子从小就被送到幼儿园接受教育，接受的知识多，再用以前的方式来教育孩子已行不通了。

民俗专家傅孙义认为，以前的孩子从外界接触的信息、知识都比较少，父母就编造出一些比较夸张、带有恐吓性的言语来达到教育的目的，规范孩子们的日常行为。但随着社会的发展，信息传播速度的加剧以及多媒体技术的应用，如今的小孩子接触的事情很多，因此，家长也不适合再利用这些"谎言"来教育孩子了。那应该怎么教育孩子呢？一幼儿园黄园长介绍，现在家长教育小孩应该采取科学的方法，用通俗易懂的语言将道理说给孩子听，让他们能接受。此外父母也要从言行上做表率。比如，对以前爱剩饭的孩子，父母会吓唬说"如果不把碗里的饭粒吃干净，脸上就会长出大麻子"。而现在，父母可以在饭前告知孩子食物具有营养，以及吃完的效果，让孩子有吃完饭的动力。

（《泉州晚报》2010 年 5 月）

提示：材料可以分为三个层次。一是孩提时代善意的谎言，二是善意的谎言在当下失效，三是专家的解读。改编时，我们可以沿用这样的结构，有重点地展开。从孩提时代善意的谎言切入，着重讲到善意的谎言在当下失效并引入专家的分析，概括并介绍儿童教育的新理念和新方法。材料提供了较多的"童年趣事",使用时可以有所选择和删节,不可贪多求全,要考虑节目的整体效果。

习题 282 将下列材料改编成一档 3 分钟左右的电视节目。

在 6 月 5 日世界环境日这天,中国 2010 年上海世博会迎来了世界自然基金会荣誉日。作为本届世博会唯一参展的非政府环保组织,世界自然基金会通过地处国际组织联合馆中的展馆,向公众发出了"保护地球,有我一个"的号召。

外观呈圆形的世界自然基金会展馆,设计灵感来源于"阴阳平衡"的中国古代哲学思想,这也与其在"保护生物多样性"和"减少人类生态足迹"两大领域的全球保护理念相吻合。

进入展馆,沿着一条虚拟的河流,依次分布着"美丽的星球"、"脆弱的星球"、"与自然共生"以及"我的参与"四个展区。这些展示有一个共同目标,就是引导人们感悟自然、敬畏自然和爱护自然,倡导参观者从"我"做起,践行低碳环保的理念,演绎"保护地球,有我一个"的主题。

在世界自然基金会展馆正中,有一个直径为 2.5 米的"生命之球"。里面生活着中华鲟、胭脂鱼、松江鲈鱼等逾百种长江流域的珍稀水生生物。这是长江水生生物首次在世博会进行大规模展出。

5 日的荣誉日里,世界自然基金会与国家林业局合作举办了"与绿色中国共成长暨世界自然基金会来华开展合作 30 周年论坛";举办了"每时每刻为地球"公益环保音乐会,通过流行、摇滚、民族等多样化音乐风格,向观众宣传节约能源、低碳环保的理念。

世界自然基金会是一个具有世界声誉的非政府环保组织。自 1961 年在瑞士成立以来,目前已在全世界 100 多个国家开展活动。1980 年,世界自然基金会成为第一个应中国政府邀请来华开展生态保护工作的国际非政府组织。目前,世界自然基金会在中国九个城市设有项目办公室,有 120 多名员工,项目领域由大熊猫保护扩大到物种保护、淡水和海洋生态系统保护与可持续利用、森林保护与可持续经营、气候变化与能源、野生物贸易、绿色经济和生态足迹等众多领域。

(新华网 2010 年 6 月 6 日)

提示:这则材料从各个方面介绍了世界自然基金会的状况。我们不妨从世界自然基金会的展馆切入,介绍世界自然基金会的相关情况,进而展开介绍世界自然基金会与中国的关系。节目目的是通过介绍,帮助观众了解世界自然基金会的相关情况,进而传播世界自然基金会的环保理念,帮助观众进一步确立人与自然和谐的生存发展意识。因此,改编材料时,不妨将其设计为一档人文专题类栏目或者知识介绍类栏目,从而调整原文的叙事顺序和叙述重点。

参考书目

吴郁:《主持人思维与语言能力训练路径》,中国广播电视出版社

吴郁:《当代广播电视播音主持》(第 2 版),复旦大学出版社

鲁景超:《广播电视即兴口语表达》,中国传媒大学出版社

应天常:《节目主持语用学》,北京广播学院出版社

应天常、王婷:《主持人即兴口语训练》,中国传媒大学出版社

〔美〕鲁道夫·F. 维德伯:《讲话的艺术》(第 11 版),中信出版社

鲁曙明:《沟通交际学》,中国人民大学出版社

林语堂:《怎样说话与演讲》,文化艺术出版社

〔美〕拉尔夫·L. 基尼:《创新性思维——实现核心价值的决策模式》,新华出版社

理查德·保罗、琳达·埃尔德(美):《批判性思维》,新星出版社

〔美〕莫提默·J. 艾德勒,查尔斯·范多伦:《如何阅读一本书》,商务印书馆

致谢

经过了几个月的忙碌,《即兴评述入门与提高》总算编写完毕。在此过程中,笔者得到了诸多前辈和好友的支持。中传嘉艺的周学玲老师促成了本书的合作。中传嘉艺的编辑聂新兰自始至终地关心本书的编撰,热情地提供了许多宝贵意见,为本书的审阅和编辑工作付出了辛勤的汗水。我的恩师,中国传媒大学硕士生导师吴郁教授审阅了本书,并提出了中肯的修改建议,令笔者受益匪浅。笔者的父母和好友在写作期间给予笔者以无私的关爱,在此一并致谢。本书从多处取用材料,笔者都尽力一一注明,若有错漏,请原作者见谅,在此深深感谢!

限于笔者的眼界以及编写的时间,本书难免有错漏之处,敬请读者朋友和专家批评指正。《即兴评述入门与提高》一书期待读者朋友的检验,编者也期待着能与读者朋友分享进步的喜悦。

周云

2011年1月于北京

图书在版编目(CIP)数据
即兴评述入门与提高/周云编著 .--北京:中国传媒大学出版社,2010.11(2020.10 重印)
ISBN 978-7-5657-0110-8

Ⅰ.①即… Ⅱ.①周… Ⅲ.①播音－语言艺术 Ⅳ.①G222.2

中国版本图书馆 CIP 数据核字(2010)第 227501 号

即兴评述入门与提高
JIXING PINGSHU RUMEN YU TIGAO

编　　著	周　云		
责任编辑	刘大年　聂新兰		
封面设计	风得信书籍装帧·阿东		
责任印制	李志鹏		
出版发行	中国传媒大学出版社		
社　　址	北京市朝阳区定福庄东街 1 号	邮　编	100024
电　　话	86-10-65450528 或 65450532	传　真	65779405
网　　址	http://cucp.cuc.edu.cn		
经　　销	全国新华书店		
印　　刷	三河市东方印刷有限公司		
开　　本	787mm×1092mm　1/16		
印　　张	11		
字　　数	217 千字		
版　　次	2011 年 3 月第 1 版		
印　　次	2020 年 10 月第 7 次印刷		
书　　号	ISBN 978-7-5657-0110-8/G·0110	定　价	38.00 元